Le Panthéon chantant

Le Panthéon Chantant

1re LIVRAISON.

Paul-Alexis DALÈS

MEMBRE

de la Société des Auteurs et Compositeurs de Musique

Né à Metz (Moselle), le 6 janvier 1813.

NOTICE BIOGRAPHIQUE.

—❦—

Tout le monde se rapœlle la jolie chanson : *A genoux devant le soleil !* qui parut vers la fin de l'année 1839, et dont la vogue fut immense. Cette œuvre lyrique plaça son auteur, M. ALEXIS DALÈS, au rang des chansonniers en vogue de l'époque, et commença sa réputation... réputation bien méritée et qui promettait de grandir.

Bientôt après parurent d'autres succès, parmi lesquels nous citerons : *Pauvre Paris !... le Parasol marocain... les Rouges-bord !... Jacquot*, etc., etc. Puis vinrent les douces romances et les spirituelles chansonnettes : *la Barbe-Bleue, Eustache Coquelicot, les Petites-Affiches normandes, la Mère l'Anecdote, la Mine d'or, l'Anglais et l'Allemand, Chauvin et Dumannet, l'Amour dans tous les pays, le papa Bourdon, la Boule de neige, nos Souvenirs ! mes Enfants le bon Dieu vous voit !* J'en passe, et des meilleures, qui valurent à leur auteur l'honneur d'être interprétees par *MM. Levassor, Hoffmann, Gozora, Edouard Clément, Eugène Clément*, et tout récemment par *Berthelier*, de l'Opéra-Comique.

En 1851, la Société des Auteurs et Compositeurs de musique s'empressa d'appeler à elle ce joyeux émule des *Ernest Bourget* et *Fr. Bérat*. La muse de cet auteur aimé du public est une bonne fille, qui a toujours le sourire sur les lèvres, et qui, grâce à sa gaîté de bonne compagnie, est bien accueillie partout : on la rencontre aux théâtres, aux salons, aux conéerts et aux cafés chantants. N'allez pas croire qu'elle en tire vanité, au moins ; loin de là, elle affectionne toujours la vieille guitare et l'orgue de Barbarie, et elle n'est jamais plus joyeuse que lorsqu'elle court les rues, ou va, par ses refrains populaires, *charmer* les loisirs des *gais pinsons* et des fauvettes de l'atelier. Symbole d'une fécondité peu commune, et d'un fond de gaieté inépuisable, le nom d'ALEXIS DALÈS est dans toutes les publications lyriques, dans tous les recueils chantants, et le public ne s'en plaint pas, au contraire.

1859.   JULES LEFORT.

LES
AMOURS DE M. PATAPOUF
OU
LE PUNCH GRASSOT
ACTUALITÉ

Paroles et musique d'ALEXIS DALÈS.

Refrain.

Gnouf! gnouf! ma petite,
A ton Patapouf,
Gnouf! gnouf! verse vite,
Verse du gnouf, gnouf.

O ma gentille dame!
Moi qui ne suis pas sot,
Si j'ai séduit ton âme,
C'est grâce au punch Grassot.　　　(bis.)
　Gnouf! gnouf! ma petite, etc.

Cette liqueur chérie,
Que j'aimerai toujours,
Nous vient de l'Italie,
Le pays des amours.　　　(bis.)
　Gnouf! gnouf! ma petite, etc.

En avant les bamboches!
Car, pour le Carnaval,
Plutus garnit mes poches
De son brillant métal.　　　(bis.)
　Gnouf! gnouf! ma petite, etc.

N. 1.

Séduisante compagne,
Prends-moi pour ton berger ;
Au pays de Cocagne
Nous allons voyager.   (*bis.*)
  Gnouf! gnouf! ma petite, etc.

Enivre-moi, ma reine,
D'un langoureux regard,
Chez Véfour, pour la peine,
J'veux t'payer du *homard.*   (*bis.*)
  Gnouf! gnouf! ma petite, etc.

Vivat! la bonne chose
Que ce punch si vanté ;
Il fait voir tout en rose,
Quel trésor de gaieté!   (*bis.*)
  Gnouf! gnouf! ma petite, etc.

I N' FAUT PAS TANT D' BEURRE
Pour faire un Quart'ron.

CHANSONNETTE.

Paroles de M. ALEXIS DALÈS.

AIR : *Voilà la manière de vivre cent ans ;*
  ou : *la Fauvette de Paris.* (Mouret.)

Des auteurs sans gêne,
Chantant leurs sujets,
Font tout d'une haleine
Quinze ou vingt couplets !
De ces écrivains
Je lis les œuvres avec crainte,
  Leurs tristes refrains
Me font l'effet d'une complainte ;
  En bien moins d'une heure
Moi j'rime une chanson :
  I n'faut pas tant d'beurre
  Pour faire un quart'ron.

Vous qui de maîtresse,
Changez tous les jours,
Et rêvez sans cesse
A d'autres amours.
Pauvres amoureux,
Je ne suivrai pas votre route,
Êtes-vous heureux?
Cela peut être, mais... j'en doute;
Moi dans ma demeure
Je n'ai que Suzon.
    Y n'faut pas, etc.

Coquettes grisettes,
Reines des amours,
Pourquoi ces toilettes?
Ces vastes atours?
C'est par trop d'abus;
Ah! pour montrer vos tailles fines,
N'embarrassez plus
Nos trottoirs de vos crinolines;
Quittez donc sur l'heure
Cerceaux et ballon.
    Y n'faut pas, etc.

Voir un mélodrame
M'fait assez plaisir,
Mais j'préfère le drame,
Bien qu'ça m'fasse frémir.
J'aime voir le destin
Faire triompher l'innocence,
Mais pour qu'à la fin,
La vertu trouv' sa récompense,
S'il faut que l'traître meure,
Vingt tableaux!... c'est long...
    Y n'faut pas, etc.

J'veux à la jeunesse
D' la civilité;
J'honore la vieillesse
Et la probité,
Je fuis les jaloux,

J'aime mon prochain comme un frère,
  Et j' crois, entre nous,
Que pour se faire aimer sur terre,
  La chose meilleure
  C'est d'être tout rond.
    Y n'faut pas, etc.

J'fais parfois l'aumône,
N'importe en quel lieu,
Car celui qui donne
Fait plaisir à Dieu !
Et quand je n'ai pas
D'argent sur moi, sans qu'ça m'chagrine,
  Mon pain sous le bras,
Vers l'atelier quand je chemine,
  Au pauvre qui pleure
  J'en donne un croûton.
  Y n'faut pas tant d'beurre
  Pour faire un quart'ron.

MADELEINE ET NICOLAS

CHANSONNETTE.

Paroles et musique d'ALEXIS DALÈS.

Refrain.

—Oh ! oh ! Madeleine !
— Ah ! ah ! Nicolas !
— Oh ! oh ! j'ai d'la peine !
— Ah ! ah ! ça n'va pas !

Ainsi la s'main' dernière,
En plantant des oignons,
Un *barger,* un' *bargére*
Exprimaient leurs guignons   (bis.)
    Oh ! oh ! Madeleine, etc.

Mourons ! disait la belle,
Oui, répondait l' garçon,

Brûlons-nous la cervelle,
Avalons d'la poison.   (*bis.*)
  Oh! oh! Madeleine, etc.

— Mais quoiqu'tas donc Mad'leine,
Qui t'met dans l'embarras?
— Tu soupir's tout' la s'maine,
Quoi qu'tas donc Nicolas?   (*bis.*)
  Oh! oh! Madeleine, etc.

Quand j'te vois, dit Madeleine,
Le cœur me fait tic tac.
— Et moi quel phénomène,
L'mien fait cric croc, cric crac.   (*bis.*)
  Oh! oh! Madeleine, etc.

Tout seul quand je m'promène
J'pense à toi nuit et jour,
Dis donc, ma petit' Mad'leine
Ça n' s'rait-t'y pas d'l'amour?   (*bis.*)
  Oh! oh! Madeleine, etc.

Si c'est d' l'amour, ma chère,
Loin d'songer à mourir,
Allons chez monsieur l' maire
C'est l' seul moyen d' guérir.   (*bis.*)

— Oh! oh! Madeleine! (*gaicment*)
— Ah! ah! Nicolas!
— Oh! oh! plus de peine!
— Ah! ah! n' mourons pas!

UN LOGEMENT
S. V. P.

AIR : *C'est tout d' même embêtant, j'marronne, etc.*

REFRAIN.

  Qu' c'est vexant,
Faut que j' déménage,
On n' sait, c'est plaisant!

Où pouvoir loger à présent.
Depuis quinze jours déjà je voyage;
Beau, neuf, vieux ou laid,
Un petit log'ment, s'il vous plaît.

J' trouve un'chambre enfin, bien fraîche, bien gentille;
L' portier m' demanda : Pas d' garçon, pas d' fille?
Je répondis froid'ment à ses observations :
Nos d'voirs de parents faut qu' nous les remplissions,
D'nos enfants, dis-moi, c'qu'on veut que nous fassions.
    Qn' c'est vexant, etc.

J'en trouve un' fort bien, mais mon chien Fidèle,
R'gardait la concierg' :—Monsieur, s'écria-t-elle,
Faut pas d'animaux.—Madame, par bonté,
Il est si fidèle; elle avec naïveté
M' dit :—J' suis femme et m' moqu' de la fidélité.
    Qu' c'est vexant, etc.

Les p'tits logements sont si chers, si rares,
Que j' veux dans un grand porter mes dieux lares;
Deux mill' francs, c'est cher, pour donner tant de fonds,
Comm' j'ai sur le quai cinq fenêtre à balcons,
J' verrai tous les jours défiler les dragons.
    Qu' c'est vexant, etc.

Pourtant j' réfléchis et je me hasarde,
Pour cent vingt-cinq francs, à louer un' mansarde;
A vos frais, m' dit-on, vous la f'rez nettoyer,
Il ne manqu' seulement pour la rapproprier
Qu'un' port', des carreaux, des tuil's et du papier.
    Qu' c'est vexant, etc.

L' concierge ajouta : Si, comme j' le pense,
L' mobilier est beau, vous payerez d'avance;
Vous s'rez plus tranquille et vous comprenez bien,
Qu' l'argent qu' vous donnez, par ce simple moyen,
Rapporte deux fois, et que nous n' risquons rien.
    Qu' c'est vexant, etc.

Paroles de Gustave LEROY.

Ohé! les Auvergnats.

Air : *Des p'tits Agneaux* (de Colmance).

Ohé! les Auvergnats!
On dit que nous chommes
Rien que des charabiats,
Et non pas des jhommes.
A tous ches pieds plats,
F' geurs d'embarras;
Prouvons qu' nous chommes,
   Qu' nous chommes
   Des jhommes
Et des Auvergnats !

Férailleurs, chaudrogniers,
Vite qu'on che rachemble;
Porteurs d'eau, charbogniers,
Mettons-nous enchemble.
   A ches rien du tout,
   Qui dis'nt partout,
Qu' nous chomm's des jhuîtres,
Chans cacher les vitres;
Prouvons-leur qu'ils n'ont pas bon goût.
   Ohé! etc.

Pour parler bien franchais,
Pour chanter la romanche,
Pour chavoir à peu d' frais
Avoir de l'éléganche ;
Pour aimer l' lard gras,
   Les cervelas ;
Pour chavoir plaire
A cha ménagère,
Il n'est tel que les Auvergnats.
   Ohé! etc.

Quand de la tête aux pieds
Nous chomm's, le dimanche,

Peignés, débarbouillés,
Et qu' j'avons la ch'mis' blanche,
Le fin chapeau plat,
En poil de chat,
La veste ronde,
Est-il dans le monde,
Des jhommes qui choient mieux mis qu' cha.
Ohé ! etc.

Des Frères Provenchaux
On vante la cuijine ;
Moi, j' soutiens qu' nos fricots,
Ont bien meilleure mine.
Soit chez Tortoni,
Ou chez Véry,
J' vous défends d' prendre
Quéqu' chos' de plus tendre,
Que not' fin morcheau de rousti.
Ohé ! etc.

Ch'est à nous que l'on doit
Les modes les plus belles ;
Chur nos femmes j'on voit
Les plus riches dentelles.
Ch'est nous qui donnons.
Les meilleurs tons
De l'étiquette ;
C'hest à la musette
Qu'il faut nous voir quand nous dansons.
Ohé ! etc.   J. E. AUBRY.

L'Enfant de l'Orphelinat imperial.

ROMANCE.

AIR : *Laissez lès roses aux rosiers.*

Toi, pauvre enfant de la misère,
Qui ne connais pas les soucis,
Un malheur t'a privé d'un père,
A ta mère reste soumis.

La toute-puissance divine,
Guidera toujours ton destin.
Observe la sainte doctrine,
Car Dieu veille sur l'orphelin. (*bis*.)

Comme l'oiseau dans la charmille,
Tu fais entendre un chant plaintif;
Ta mère a toi seul pour famille,
Pourtant son front est bien pensif.
L'avenir remplit sa pensée,
Elle songe au pain pour demain.
La crainte la rend insensée;
Mais Dieu veille sur l'orphelin. (*bis*.)

Près de ta couchette elle veille,
Elle prie et verse des pleurs.
Là, quelquefois elle sommeille
Bien longtemps avec ses douleurs.
Elle ouvre les yeux dès l'aurore,
Mais ne peut sourire au matin,
Bien que l'espoir ait dit encore :
Ton Dieu veille sur l'orphelin. (*bis*.)

Que de soupirs... Ah! pauvre mère.
Combien aujourd'hui son cœur bat!
La Vierge exauce sa prière...
Son fils est à l'Orphelinat.
Ses souhaits à la Providence
Sont pour un prince chérubin,
Et tous ses vœux sont pour la France,
Où Dieu veille sur l'orphelin. (*bis*.)

Par Jacques MOREAU.

LES DEUX COMPÈRES.

Paroles d'Édouard FRANCHOT.

AIR *du Vieux Braconnier*.

Bonjour, mon joyeux compère.
Mais qu'as-tu donc aujourd'hui ?

Tu parais triste et colère,
Qui peut causer ton ennui ?
—Ah ! c'est une sombre histoire...
— Alors fais monter du vin.
Il faut boire, il faut boire
Pour dissiper ton chagrin.

Tu sais que j'avais pris femme,
Croyant goûter au bonheur.
Je le jure sur mon âme,
Pour moi ce fut un malheur.
Ils ont fui ces jours, Grégoire,
Où j'étais toujours serein.
Il faut boire, etc.

Pendant un mois, cette terre,
Fut pour moi le paradis ;
Ma femme me laissait faire.
J'étais heureux, mais depuis
La discorde, laide et noire,
Chez nous jeta son grappin.
Il faut boire, etc.

Ami, plains-moi, car Javotte,
Est le maître à la maison ;
Elle porte la culotte
Et commande sans façon.
Souvent sur moi, c'est notoire,
Elle ose lever la main.
Il faut boire, etc.

Si parfois je bois chopine,
Ou si je rentre un peu tard ;
A la tête la..... lutine
Me jette sans nul retard :
Les plats, les pots, l'écumoire,
En m'appelant sac-à-vin !
Il faut boire, etc.

Si je veux de sa tendresse,
Obtenir une faveur,
Tout aussitôt la traîtresse
M'accueille d'un air moqueur.

Je crains bien, ami Grégoire,
De ressembler à Vulcain.
Il faut boire, etc.

Le Fils de Mme de Framboisy.

AIR : *De don Sanche, ou de M. de Craé.*

La noble dame de Framboisy,
  A ce que dit l'histoire,
Eut un fils au teint cramoisi;
  Le fait est peu notoire.
  Tra, déri, déra etc.

Ce fut ell'-même qui nourrit
  Ce doux fruit de sa flamme;
Mais on dit que son lait tarit
  Quand elle rendit l'âme. — Tra.

Le sir, aussitôt qu'il fut veuf,
  Devint un pèr' si tendre,
Qu' son fils au pis d' la mèr' d'un bœuf
  Bien vite alla se pendre. — Tra.

L'enfant étant gros et fort,
  Fut grand et redoutable;
Il avait même un très-beau port
  En sortant de l'étable. — Tra.

Comme il avait l'esprit devin,
  Il prit arme et bagage,
D' vinant qu'il f'rait mieux son chemin
  A Paris qu'au village. — Tra.

C'est sur le territoire normand
  Qu'il fit son mariage;
Il prit une fille de Carentan,
  Et fit très-bon ménage. — Tra.

De dam' Cabel le chant délié,
  Lui troubla la cervelle;
Au diable il se serait lié
  Pour un bout de chant d'elle. — Tra.

On fit le sir de Framboisy,
    Jadis pour les Folies ;
Mais pour son r'jeton cramoisi
    On fit bien des folies. — Tra.

L'arme au poing droit en fier bretteur,
    Certain jour il chevauche ;
Et l'on assur' que par erreur,
    Il passa l'arme à gauche.
    Tra, déri, déra, etc.

Mme Ernestine RABINEAU.

LE TEMPS

Paroles d'Aurélie HUE.

Air : *Si les fleurs parlaient,* ou *Cinquante ans.*

Le vent qui passe à travers les années,
A fait tomber mes feuilles de printemps ;
Et vers l'automne où les fleurs sont fanées
Je trouve encor des rayons éclatants.
Gais passereaux vos douces ritournelles
Contre l'ennui me sont d'un beau secours,
Volez, volez brillantes étincelles,
Le temps n'a pas brisé tous mes amours.

J'ai regretté mes tendresses d'enfance,
Les papillons qui me faisaient courir ;
L'heure où j'allais ignorant mon offense,
Baiser les fleurs qu'un baiser fait mourir.
Mais une mère aux bontés éternelles,
Me reste encor de ces lointains beaux jours ;
Volez, volez brillantes étincelles,
Le temps n'a pas brisé tous mes amours.

Vingt folles ont grâce à mes sympathies,
Surpris mon cœur avec un faux aveu ;
Toutes m'aimaient et toutes sont parties
Sans me laisser un simple mot d'adieu.

Toutes m'ont fui comme des infidèles ;
Mais dans mon cœur je les revois toujours.
Volez, volez brillantes étincelles,
Le temps n'a pas brisé tous mes amours.

Fille du ciel, ô vierge d'harmonie,
La mort qui frappe et s'éteint vers ton seuil ;
Sans distinguer les noms et le génie,
Voile mon front de tristesse et de deuil.
Mais la faucheuse en secouant ses ailes.
Révèle aussi de nouveaux troubadours.
Volez, volez brillantes étincelles,
Le temps n'a pas brisé tous mes amours.

Les Grelots de la Folie.

Air : *du Parnasse des dames, ou : de la Rose des champs*.

Vivons en vrais fils d'Épicure,
Amis rions, chantons, buvons ;
Rien ici-bas je vous l'assure,
Ne vaut le bon vin, les chansons ;
Et puis, la plaisante saillie,
Les bons mots pleuvent à foison
Quand des grelots de la folie,
La gaieté pare la raison.

Le vin est pour nous l'ambroisie
Dont se désaltèrent les dieux,
Sablons cette liqueur chérie,
Sages et fous, jeunes et vieux ;
Les maux, les tourments de la vie
Disparaissent de l'horizon
    Quand, etc.

Buvons avec une maîtresse
Qui nous charme par sa gaieté,
Buvons encor quand la traîtresse
Nous fait une infidélité :

Celie qu'on aime est si jolie
Qu'on pardonne sa trahison,
    Quand, etc.

Enfants chéris de la fortune,
Laissez là vos vieux parchemins,
Convertissez votre pécune
En mets succulents et bons vins.
De Momus l'escorte chérie
Vit bien sans or et sans blason
    Quand, etc.

Essuyez tristes héraclites
Ces pleurs qui vous rendent si laids,
Bacchus a tant de prosélytes,
Ils sont si gais, imitez-les.
Non, jamais la mélancolie
Ne peut distiller son poison
    Quand, etc.

Le vieillard dans la douce ivresse
Qui ranime ses sens glacés,
Retrouve encor de sa jeunesse
Les beaux jours qu'il croyait passés.
Sa Lisette est de la partie,
L'amour se fait son échanson,
Quand des grelots de la folie
La gaieté pare la raison.

DÉSIRÉ ROGER.

Toute reproduction est interdite.

---

1. Les Amours de M. Patapouf.—2. Y n' faut pas tant d'beure.
— 3. Madeleine et Nicolas. — 4. Un Logement, S. V. P. —
5. Ohé! les Auvergnats. — 6. L'Enfant de l'Orphelinat. —
7. Les deux Compères.—8. Le Fils de Mme de Framboisy.—
9. Le Temps. — 10. Les grelots de la folie.

Se trouve chez ROGER, éditeur, rue Fontaine-au-
Roi, 25 et 27.
Dépôt chez SEVIN, rue du Plâtre-Saint-Jacques, 24

Paris.—Typ. Morris et Cie, rue Amelot, 64.

Le Panthéon Chantant

ALBUM LYRIQUE

1re LIVRAISON.

Paul-Alexis DALÈS

MEMBRE

de la Société des Auteurs et Compositeurs de Musique

Né à Metz (Moselle), le 6 janvier 1813.

NOTICE BIOGRAPHIQUE.

Tout le monde se rappelle la jolie chanson : *A genoux devant le soleil !* qui parut vers la fin de l'année 1839, et dont la vogue fut immense. Cette œuvre lyrique plaça son auteur, M. Alexis DALÈS, au rang des chansonniers en vogue de l'époque, et commença sa réputation... réputation bien méritée et qui promettait de grandir.

Bientôt après parurent d'autres succès, parmi lesquels nous citerons : *Pauvre Paris !... le Parasol marocain... des Rougembourg !... Jacquot,* etc., etc. Puis vinrent les douces romances et les spirituelles chansonnettes : *la Barbe-Bleue, Eustache Coquelinot, des Petites-Affiches normandes, la Mère l'Anecdote, la Mine d'or, l'Anglais et l'Allemand, Chauvin et Dumannet, l'Amour dans tous les pays, le papa Bourdon, la Boule de neige, nos Souvenirs,* et *Enfants le bon Dieu vous voit !* J'en passe, et des meilleures, qui valurent à leur auteur l'honneur d'être interprétées par MM. *Levassor, Hoffmann, Cozora, Édouard Clément, Eugène Clément,* et tout récemment par *Berthelier,* de l'Opéra-Comique.

En 1851, la Société des Auteurs et Compositeurs de musique s'empressa d'appeler à elle ce joyeux émule des *Ernest Bourget* et des *F. Bérat.* La muse de cet auteur aimé du public est une bonne fille, qui a toujours le sourire sur les lèvres, et qui, grâce à sa gaîté de bonne compagnie, est bien accueillie partout : on la rencontre aux théâtres, aux salons, aux concerts et aux cafés chantants. N'allez pas croire qu'elle en tire vanité, au moins ; loin de là, elle affectionne toujours la vieille guitare et l'orgue de Barbarie, et elle n'est jamais plus joyeuse que lorsqu'elle court les rues, ou va, par ses refrains populaires, charmer les loisirs des *gais pinsons* et des *fauvettes* de l'atelier. Symbole d'une fécondité peu commune, et d'un fond de gaîté inépuisable, le nom d'Alexis DALÈS est dans toutes les publications lyriques, dans tous les recueils chantants, et le public ne s'en plaint pas, au contraire.

1859.   JULES LEFORT.

LE
PANTHÉON CHANTANT
Publié par ROGER

A M. GRASSOT

LES
AMOURS DE M. PATAPOUF
OU
LE PUNCH GRASSOT
ACTUALITÉ

Paroles et musique d'ALEXIS DALÈS.

Refrain.

Gnouf! gnouf! ma petite,
A ton Patapouf,
Gnouf! gnouf! verse vite,
Verse du gnouf, gnouf.

O ma gentille dame!
Moi qui ne suis pas sot,
Si j'ai séduit ton âme,
C'est *grâce au* punch Grassot.　　(bis.)
　　Gnouf! gnouf! ma petite, etc.

Cette liqueur chérie,
Que j'aimerai toujours,
Nous vient de l'Italie,
Le pays des amours.　　(bis.)
　　Gnouf! gnouf! ma petite, etc.

En avant les bamboches!
Car, pour le Carnaval,
Plutôt garnit mes poches
De son brillant métal.　　(bis.)
　　Gnouf! gnouf! ma petite, etc.

N. 1.

Séduisante compagne,
Prends-moi pour ton berger;
Au pays de Cocagne
Nous allons voyager.   (*bis.*)
  Gnouf! gnouf! ma petite, etc.

Enivre-moi, ma reine,
D'un langoureux regard,
Chez Ve...four, pour la peine,
J'veux t'pay...er du *homard*.   (*bis.*)
  Gnouf! gnouf! ma petite, etc.

Vivat! la bonne chose
Que ce punch si vanté;
Il fait voir tout en rose,
Quel trésor de gaieté!   (*bis.*)
  Gnouf! gnouf! ma petite, etc.

Y N' FAUT PAS TANT D' BEURRE
Pour faire un Quart'ron.

CHANSONNETTE.

Paroles de M. Alexis DALÈS.

AIR : *Voilà la manière de vivre cent ans;*
OU : *la Fauvette de Paris.* (Mouret.)

Des auteurs sans gêne,
Chantant leurs sujets,
Font tout d'une haleine
Quinze ou vingt couplets!
De ces écrivains
Je lis les œuvres avec crainte,
Leurs tristes refrains
Me font l'effet d'une complainte;
En bien moins d'une heure
Moi j'rime une chanson :
Y n'faut pas tant d'beurre
Pour faire un quart'ron.

Vous qui de maîtresse
Changez tous les jours,
Et rêvez sans cesse
A d'autres amours,
Pauvres amoureux,
Je ne suivrai pas votre route,
Êtes-vous heureux?
Cela peut être, mais... j'en doute;
Moi dans ma demeure.
Je n'ai que Suzon.
Y n'faut pas, etc.

Coquettes grisettes,
Reines des amours,
Pourquoi ces toilettes?
Ces vastes atours?
C'est par trop d'abus;
Ah! pour montrer vos tailles fines,
N'embarrassez plus
Nos trottoirs de vos crinolinés;
Quittez donc sur l'heure
Cerceaux et ballon.
Y n'faut pas, etc.

Voir un mélodrame
M'fait assez plaisir,
Mais j'préfèr' le drame,
Bien qu'ça m'fasse frémir.
J'aim' voir le destin
Faire triompher l'innocence,
Mais pour qu'à la fin,
La vertu trouv' sa récompense,
S'il faut que l'traître meure,
Vingt tableaux!... c'est long...
Y n'faut pas, etc.

J'veux à la jeunesse
D' la civilité;
J'honor' la vieillesse
Et la probité,
Je fuis les jaloux,

J'aime mon prochain comme un frère,
    Et j'crois, entre nous,
Que pour se faire aimer sur terre,
    La chose meilleure
    C'est d'être tout rond.
        Y n'faut pas, etc.

J'fais parfois l'aumône,
    N'importe en quel lieu,
    Car celui qui donne
    Fait plaisir à Dieu !
    Et quand je n'ai pas
D'argent sur moi, sans qu'ça m'chagrine,
    Mon pain sous le bras,
Vers l'atelier quand je chemine,
    Au pauvre qui pleure
    J'en donne un croûton.
    Y n'faut pas tant d'beurre
    Pour faire un quart'ron.

MADELEINE ET NICOLAS

CHANSONNETTE

Paroles et musique d'ALEXIS DALÈS.

Refrain

— Oh ! oh ! Madeleine !
— Ah ! ah ! Nicolas !
— Oh ! oh ! j'ai d'la peine !
— Ah ! ah ! ça n'va pas !

Ainsi la s'main' dernière,
En plantant des oignons,
Un *barger*, un' *bargère*
Exprimaient leurs guignons   (bis.)
    Oh ! oh ! Madeleine, etc.

Mourons ! disait la belle ;
Oui, répondait l'garçon,

Brûlons-nous la cervelle,
Avalons d'la poison.   (bis.)
    Oh! oh! Madeleine, etc.

— Mais quoiqu't'as donc Mad'leine,
Qui t'met dans l'embarras?
— Tu soupir's tout' la s'maine,
Quoi qu't'as donc Nicolas?   (bis.)
    Oh! oh! Madeleine, etc.

Quand j'te vois, dis Mad'leine,
Le cœur me fait tic tac.
— Et moi quel phénomène!
L' mien fait cric croc, cric crac.   (bis.)
    Oh! oh! Madeleine, etc.

Tout seul' quand je m'promène
J'pense à toi nuit et jour,
Dis donc, ma petit' Mad'leine,
Ça n' s'rait t'y pas d'l'amour?   (bis.)
    Oh! oh! Madeleine, etc.

Si c'est d' l'amour, ma chère,
Loin d' songer à mourir,
Allons chez monsieur l' maire
C'est l' seul moyen d' guérir.   (bis.)

— Oh! oh! Madeleine!   (gaiement)
— Ah! ah! Nicolas!
— Oh! oh! plus de peine!
— Ah! ah! n' mourons pas!

UN LOGEMENT
S. V. P.

AIR : C'est tout d' même embêtant, j' marronne, etc.

REFRAIN.

Qu' c'est vexant,   (bis.)
Faut que j' déménage,
On n' sait, c'est plaisant,

Où pouvoir loger à présent.
Depuis quinze jours déjà je voyage ;
Beau, neuf, vieux ou laid,
Un petit log'ment, s'il vous plaît.

J'trouve un'chambre enfin, bien fraîche, bien gentille ;
L' portier m' demanda : Pas d' garçon, pas d' fille ?
Je répondis froid'ment à ses observations :
Nos d'voirs de parents faut qu' nous les remplissions,
D'nos enfants, dis-moi, c' qu'on veut que nous fassions.
            Qu' c'est vexant, etc.

J'en trouve un' fort bien, mais mon chien Fidèle,
R'gardait la concierg' :—Monsieur. s'écria-t-elle,
Faut pas d'animaux.—Madame, par bonté,
Il est si fidèle ; elle avec naïveté
M' dit :—J' suis femme et m' moqu' de la fidélité.
            Qu' c'est vexant, etc.

Les p'tits logements sont si chers, si rares,
Que j' veux dans un grand porter mes dieux lares ;
Deux mill'francs, c'est cher, pour donner tant de fonds,
Comm' j'ai sur le quai cinq fenêtre à balcons,
J' verrai tous les jours défiler les dragons.
            Qu' c'est vexant, etc.

Pourtant j' réfléchis et je me hasarde,
Pour cent vingt-cinq francs, à louer un' mansarde ;
A vos frais, m' dit-on, vous la f'rez nettoyer,
Il ne manqu' seulement pour la rapproprier
Qu'un' port', des carreaux, des tuil's et du papier.
            Qu' c'est vexant, etc.

L' concierge ajouta : Si, comme j' le pense,
L' mobilier est beau, vous payerez d'avance ;
Vous s'rez plus tranquille et vous comprenez bien,
Qu' l'argent qu' vous donnez, par ce simple moyen,
Rapporte deux fois, et que nous n' risquons rien.
            Qu' c'est vexant, etc.

                    Paroles de Gustave LEROY.

Ohé! les Auvergnats.

Air : *Des p'tits Agneaux* (de Colmance).

Ohé! les Auvergnats!
On dit que nous chommes
Rien que des charabiats,
Et non pas des jhommes.
A tous ches pieds plats,
F' geurs d'embarrus,
Prouvons qu' nous chommes,
   Qu' nous chommes
   Des jhommes
Et des Auvergnats !

Férailleurs, chaudrogniers,
Vite qu'on che rachemble;
Porteurs d'eau, charbogniers,
Mettons-nous enchemble.
   A ches rien du tout,
   Qui dis'nt partout,
Qu' nous chomm's des jhuîtres,
Chans cacher les vitres;
Prouvons-leur qu'ils n'ont pas bon goût.
   Ohé! etc.

Pour parler bien franchais,
Pour chanter la romanche,
Pour chavoir à peu d' frais
Avoir de l'éléganche ;
   Pour aimer l' lard gras,
   Les cervelas;
Pour chavoir plaire
A cha ménagère,
Il n'est tel que les Auvergnats.
   Ohé! etc.

Quand de la tête aux pieds
Nous chomm's, le dimanche,

Peignés, débarbouillés,
Et qu' j'avons la ch'mis' blanche,
Le fin chapeau plat,
  En poil de chat,
  La veste ronde,
Est-il dans le monde,
Des jhommes qui choient mieux mis qu' eux.
Ohé ! etc.

Des Frères Provenchaux
On vante la cuijine ;
Moi, j' soutiens qu' nos fricots,
Ont bien meilleure mine.
  Soit chez Tortoni,
  Ou chez Véry,
J' vous défends d' prendre
Quéqu' chos' de plus tendre,
Que not' fin morcheau de rousti.
Ohé ! etc.

Ch'est à nous que l'on doit
Les modes les plus belles ;
Chur nos fèmmes j'on voit
Les plus riches dentelles.
Ch'est nous qui donnons
  Les meilleurs tons
  De l'étiquette ;
C'hest à la musette
Qu'il faut nous voir quand nous dansons.
Ohé ! etc.
                J. E. Aubert.

L'Enfant de l'Orphelinat impérial.

ROMANCE.

AIR : *Laissez les roses aux rosiers.*

Toi, pauvre enfant de la misère,
Qui ne connais pas les soucis,
Un malheur t'a privé d'un père,
A ta mère reste soumis.

La toute-puissance divine,
Guidera toujours ton destin.
Observe la sainte doctrine,
Car Dieu veille sur l'orphelin. (bis.)

Comme l'oiseau dans la charmille,
Tu fais entendre un chant plaintif;
Ta mère a toi seul pour famille,
Pourtant son front est bien pensif.
L'avenir remplit sa pensée,
Elle songe au pain pour demain.
La crainte la rend insensée;
Mais Dieu veille sur l'orphelin. (bis.)

Près de ta couchette elle veille,
Elle prie et verse des pleurs.
Là, quelquefois elle sommeille
Bien longtemps avec ses douleurs.
Elle ouvre les yeux dès l'aurore,
Mais ne peut sourire au matin,
Bien que l'espoir ait dit encore :
Ton Dieu veille sur l'orphelin. (bis.)

Que de soupirs!.... Ah! pauvre mère,
Combien aujourd'hui son cœur bat!
La Vierge exauce sa prière....
Son fils est à l'Orphelinat...
Ses souhaits à la Providence
Sont pour un prince chérubin,
Et tous ses vœux sont pour la France,
Où Dieu veille sur l'orphelin. (bis.)

Par Jacques Moreau.

LES DEUX COMPÈRES.

Paroles d'Édouard FRANCHOT.

Air du Vieux Braconnier.

Bonjour, mon joyeux compère.
Mais qu'as-tu donc aujourd'hui?

Tu parais triste et colère,
Qui peut causer ton ennui ?
—Ah ! c'est une sombre histoire...
— Alors fais monter du vin.
Il faut boire, il faut boire } bis.
Pour dissiper ton chagrin.
Tu sais que j'avais pris femme,
Croyant goûter au bonheur.
Je le jure sur mon âme,
Pour moi ce fut un malheur.
Ils ont fui ces jours, Grégoire,
Où j'étais toujours serein.
Il faut boire, etc.

Pendant un mois, cette terre,
Fut pour moi le paradis ;
Ma femme me laissait faire.
J'étais heureux, mais depuis
La discorde, laide et noire,
Chez nous jeta son grappin.
Il faut boire, etc.

Ami, plains-moi, car Javotte,
Est le maître à la maison ;
Elle porte la culotte
Et commande sans façon.
Souvent sur moi, c'est notoire,
Elle ose lever la main.
Il faut boire, etc.

Si parfois je bois chopine,
Ou si je rentre un peu tard ;
A la tête la..... lutine
Me jette sans nul retard :
Les plats, les pots, l'écumoire,
En m'appelant sac-à-vin !
Il faut boire, etc.

Si je veux de sa tendresse,
Obtenir une faveur,
Tout aussitôt la traîtresse
M'accueille d'un air moqueur.

Je crains bien, ami Grégoire,
De ressembler à Vulcain.
Il faut boire, etc.

Le Fils de Mme de Framboisy.

Air.: *De don Sanche, ou de M. de Craé.*

La noble dame de Framboisy,
    A ce que dit l'histoire,
Eut un fils au teint cramoisi;
    Le fait est peu notoire.
    Tra, déri, déra etc.

Ce fut ell'-même qui nourrit
    Ce doux fruit de sa flamme;
Mais on dit que son lait tarit
    Quand elle rendit l'âme. — Tra.

Le sir, aussitôt qu'il fut veuf,
    Devint un pèr' si tendre.
Qu' son fils au pis d' la mèr' d'un bœuf
    Bien vite alla se pendre. — Tra.

L'enfant étant gros et fort,
    Fut grand et redoutable;
Il avait même un très-beau port
    En sortant de l'étable. — Tra.

Comme il avait l'esprit devin,
    Il prit arme et bagage,
D'vinant qu'il f'rait mieux son chemin
    A Paris qu'au village. — Tra.

C'est sur le territoire normand
    Qu'il fit son mariage;
Il prit une fille de Carentan,
    Et fit très-bon ménage. — Tra.

De dam' Cabel le chant délié,
    Lui troubla la cervelle;
Au diable il se serait lié
    Pour un bout de chant d'elle. — Tra.

On fit le sir de Framboisy,
    Jadis pour les Folies ;
Mais pour son r'jeton cramoisi
    On fit bien des folies. — Tra.

L'arme au poing droit en fier bretteur,
    Certain jour il chevauche ;
Et l'on assur' que par erreur,
    Il passa l'arme à gauche.
    Tra, déri, déra, etc.

Mme Ernestine RABINEAU.

LE TEMPS

Paroles d'Aurélie HUE.

Air : *Si les fleurs parlaient*, ou *Ne grandis pas*.

Le vent qui passe à travers les années,
A fait tomber mes feuilles de printemps ;
Et vers l'automne où les fleurs sont fanées,
Je trouve encor des rayons éclatants.
Gais passereaux vos douces ritournelles
Contre l'ennui me sont d'un beau secours,
Volez, volez brillantes étincelles,
Le temps n'a pas brisé tous mes amours.

J'ai regretté mes tendresses d'enfance,
Les papillons qui me faisaient courir ;
L'heure où j'allais ignorant mon offense,
Baiser les fleurs qu'un baiser fait mourir.
Mais une mère aux bontés éternelles,
Me reste encor de ces lointains beaux jours ;
Volez, volez brillantes étincelles,
Le temps n'a pas brisé tous mes amours.

Vingt folles ont grâce à mes sympathies,
Surpris mon cœur avec un faux aveu ;
Toutes m'aimaient et toutes sont parties
Sans me laisser un simple mot d'adieu.

Toutes m'ont fui comme des infidèles ;
Mais dans mon cœur je les revois toujours.
Volez, volez brillantes étincelles,
Le temps n'a pas brisé tous mes amours.

Fille du ciel, ô vierge d'harmonie,
La mort qui frappe et s'éteint vers ton seuil ;
Sans distinguer les noms et le génie,
Voile mon front de tristesse et de deuil.
Mais la faucheuse en secouant ses ailes,
Révèle aussi de nouveaux troubadours.
Volez, volez brillantes étincelles,
Le temps n'a pas brisé tous mes amours.

La Reine du quartier Latin.

Air : des Gnouff, Gnouff. — Punch Grassot.

Paroles d'Édouard FRANCHOT.

Écoute-moi, gentille amie,
Disait un jour un citadin
A la jeune et tendre Sylvie,
La reine du quartier Latin.

La nuit et le jour,   Oui, oui.
Je t'aime d'amour,   Oui, oui.
Oui, je t'aime sans nul détour.
Ah ! ah !
Gnouff, gnouff, gnouff, répondit la belle,
Gnouff, gnouff, gnouff, sans être cruelle,
Gnouff, gnouff, gnouff, gnouff, gnouff,
A tous vos discours
Je réponds toujours :
Gnouff.

Je t'offre, ma charmante brune,
Je t'offre ma main et mon cœur ;

Tu peux calmer mon infortune
Et d'un mot faire mon bonheur.
    La nuit et le jour, etc.

J'ai du bien dans la Normandie,
Des fermes, des bois, un château.
A la mienne enchaîne ta vie,
Et de tout je te fais cadeau.
    La nuit et le jour, etc.

Mais je le vois, ô faible femme,
Du plaisir tu te fais l'écho.
Je veux, pour attendrir ton âme,
Ce soir, te conduire au Prado.

    La nuit et le jour,   Oui, oui.
    Je t'aime d'amour,   Oui, oui.
    Oui, je t'aime sans nul détour.
    Ah ! ah !
Gnouff, gnouff, gnouff, répondit la belle, ⎫
Gnouff, gnouff, gnouff, le plaisir m'appelle, ⎪
Gnouff, gnouff, gnouff, gnouff, gnouff, ⎬ *bis.*
    A toi pour toujours, ⎪
    Mon cœur, mes amours, ⎪
        Gnouff. ⎭

Toute reproduction est interdite.

Se trouve chez ROGER, éditeur, rue Fontaine-au-
Roi, 25 et 27.

Dépôt chez SEVIN, rue du Plâtre-Saint-Jacques, 24

Paris.—Typ. Morris et Cie, rue Amelot, 64

Le Panthéon Chantant

ALBUM LYRIQUE

1re LIVRAISON.

Paul-Alexis DALÈS

MEMBRE

de la Société des Auteurs et Compositeurs de Musique

Né à Metz (Moselle), le 6 janvier 1813.

NOTICE BIOGRAPHIQUE.

—◦◦◦—

Tout le monde se rappelle la jolie chanson : *A genoux devant le soleil !* qui parut vers la fin de l'année 1839, et dont la vogue fut immense. Cette œuvre lyrique plaça son auteur, M. ALEXIS DALÈS, au rang des chansonniers en vogue de l'époque, et commença sa réputation... réputation bien méritée et qui promettait de grandir.

Bientôt après parurent d'autres succès, parmi lesquels nous citerons : *Pauvre Paris !... le Parasol marocain... les Rouges-bord !... Jacquot,* etc., etc. Puis vinrent les douces romances et les spirituelles chansonnettes : *la Barbe-Bleue, Eustache Coquelicot, les Petites-Affiches normandes, la Mère l'Anecdote, la Mine d'or, l'Anglais et l'Allemand, Chauvin et Dumannet, l'Amour dans tous les pays, le papa Bourdon, la Boule de neige, nos Souvenirs ! mes Enfants le bon Dieu vous voit !* J'en passe, et des meilleures, qui valurent à leur auteur l'honneur d'être interprétées par *MM. Levassor, Hoffmann, Cozora, Édouard Clément, Eugène Clément,* et tout récemment par *Berthelier,* de l'Opéra-Comique.

En 1851, la Société des Auteurs et Compositeurs de musique s'empressa d'appeler à elle ce joyeux émule des *Ernest Bourget* et des *F. Bérat.* La muse de cet auteur aimé du public est une bonne fille, qui a toujours le sourire sur les lèvres, et qui, grâce à sa gaîté de bonne compagnie, est bien accueillie partout : on la rencontre aux théâtres, aux salons, aux concerts et aux cafés chantants. N'allez pas croire qu'elle en tire vanité, au moins ; loin de là, elle affectionne toujours la vieille guitare et l'orgue de Barbarie, et elle n'est jamais plus joyeuse que lorsqu'elle court les rues, où va, par ses refrains populaires, *charmer* les loisirs des *gais pinsons* et des fauvettes de l'atelier. Symbole d'une fécondité peu commune, et d'un fond de gaîté inépuisable, le nom d'ALEXIS DALÈS est dans toutes les publications lyriques, dans tous les recueils chantants, et le public ne s'en plaint pas, au contraire.

1859.   JULES LEFORT.

LE PANTHÉON CHANTANT

Publié par ROGER

A M. GRASSOT

LES

AMOURS DE M. PATAPOUF

OU

LE PUNCH GRASSOT

ACTUALITÉ

Paroles et musique d'Alexis DALÈS.

Refrain.

Gnouf! gnouf! ma petite,
A ton Patapouf,
Gnouf! gnouf! verse vite,
Verse du gnouf, gnouf.

O ma gentille dame!
Moi qui ne suis pas sot,
Si j'ai séduit ton âme,
C'est grâce au punch Grassot.　　　(*bis.*)
　Gnouf! gnouf! ma petite, etc.

Cette liqueur chérie,
Que j'aimerai toujours,
Nous vient de l'Italie,
Le pays des amours.　　　(*bis.*)
　Gnouf! gnouf! ma petite, etc.

En avant les bamboches!
Car, pour le Carnaval,
Plutus garnit mes poches
De son brillant métal.　　　(*bis.*)
　Gnouf! gnouf! ma petite, etc.

N. 1.

Séduisante compagne,
Prends-moi pour ton berger ;
Au pays de Cocagne
Nous allons voyager.   *(bis.)*
  Gnouf! gnouf! ma petite, etc.

Enivre-moi, ma reine,
D'un langoureux regard,
Chez Véfour, pour la peine,
J'veux t'payer du *homard.*   (bis.)
  Gnouf! gnouf! ma petite, etc.

Vivat! la bonne chose
Que ce punch si vanté ;
Il fait voir tout en rose,
Quel trésor de gaieté!   (bis.)
  Gnouf! gnouf! ma petite, etc.

Y N' FAUT PAS TANT D' BEURRE
Pour faire un Quart'ron.

CHANSONNETTE.

Paroles de M. ALEXIS DALÈS.

AIR : *Voilà la manière de vivre cent ans ;*
ou : *la Fauvette de Paris.* (Mouret.)

Des auteurs sans gêne,
Chantant leurs sujets,
Font tout d'une haleine
Quinze ou vingt couplets!
De ces écrivains
Je lis les œuvres avec crainte,
Leurs tristes refrains
Me font l'effet d'une complainte ;
En bien moins d'une heure
Moi j'rime une chanson :
Y n'faut pas tant d'beurre
Pour faire un quart'ron.

Vous qui de maîtresse
Changez tous les jours,
Et rêvez sans cesse
A d'autres amours,
Pauvres amoureux,
Je ne suivrai pas votre route,
Êtes-vous heureux?
Cela peut être, mais... j'en doute;
Moi dans ma demeure
Je n'ai que Suzon.
Y n'faut pas, etc.

Coquettes grisettes,
Reines des amours,
Pourquoi ces toilettes?
Ces vastes atours?
C'est par trop d'abus;
Ah! pour montrer vos tailles fines,
N'embarrassez plus
Nos trottoirs de vos crinolines;
Quittez donc sur l'heure
Cerceaux et ballon.
Y n'faut pas, etc.

Voir un mélodrame
M'fait assez plaisir,
Mais j'préfèr' le drame,
Bien qu'ça m'fasse frémir.
J'aim' voir le destin
Faire triompher l'innocence,
Mais pour qu'à la fin,
La vertu trouv' sa récompense,
S'il faut que l'traître meure,
Vingt tableaux!... c'est long...
Y n'faut pas, etc.

J'veux à la jeunesse
D' la civilité;
J'honor' la vieillesse
Et la probité,
Je fuis les jaloux,

J'aime mon prochain comme un frère,
Et j' crois, entre nous,
Que pour se faire aimer sur terre,
La chose meilleure
C'est d'être tout rond.
Y n'faut pas, etc.

J'fais parfois l'aumône,
N'importe en quel lieu,
Car celui qui donne
Fait plaisir à Dieu !
Et quand je n'ai pas
D'argent sur moi, sans qu'ça m'chagrine,
Mon pain sous le bras,
Vers l'atelier quand je chemine,
Au pauvre qui pleure
J'en donne un crouton.
Y n'faut pas tant d'beurre
Pour faire un quart'ron.

MADELEINE ET NICOLAS

CHANSONNETTE,

Paroles et musique d'ALEXIS DALÈS.

Refrain.

— Oh ! oh ! Madeleine !
— Ah ! ah ! Nicolas !
— Oh ! oh ! j'ai d'la peine !
— Ah ! ah ! ça n'va pas !

Ainsi la s'main' dernière,
En plantant des oignons,
Un *barger*, un' *bargère*
Exprimaient leurs guignons   (*bis.*)
Oh ! oh ! Madeleine, etc.

Mourons ! disait la belle,
Oui, répondait l' garçon,

Brûlons-nous la cervelle,
Avalons d'la poison.   (*bis.*)
   Oh! oh! Madeleine, etc.

— Mais quoiqu'tas donc Mad'leine,
Qui t'met dans l'embarras?
— Tu soupir's tout' la s'maine,
Quoi qu'tas donc Nicolas?   (*bis.*)
   Oh! oh! Madeleine, etc.

Quand j'te vois, dit Mad'leine,
Le cœur me fait tic tac.
—Et moi quel phénomène!
L'mien fait cric croc, cric crac.   (*bis.*)
   Oh! oh! Madeleine, etc.

Tout seul quand je m'promène
J'pense à toi nuit et jour,
Dis donc, ma petit' Mad'leine,
Ça n' s'rait-t'y pas d'l'amour?   (*bis.*)
   Oh! oh! Madeleine, etc.

Si c'est d'l'amour, ma chère,
Loin d'songer à mourir,
Allons chez monsieur l' maire
C'est l' seul moyen d'guérir.   (*bis.*)

— Oh! oh! Madeleine!   (*gaiement*)
— Ah! ah! Nicolas!
— Oh! oh! plus de peine!
— Ah! ah! n' mourons pas!

UN LOGEMENT
S. V. P.

Air : *C'est tout d' même embêtant, j' marronne*, etc.

REFRAIN.

Qu' c'est vexant,   (*bis.*)
Faut que j' déménage,
On n' sait, c'est plaisant,

Où pouvoir loger à présent.
Depuis quinze jours déjà je voyage ;
Beau, neuf, vieux ou laid,
Un petit log'ment, s'il vous plaît.

J'trouve un'chambre enfin, bien fraîche, bien gentille ;
L' portier m' demanda : Pas d' garçon, pas d' fille ?
Je répondis froid'ment à ses observations :
Nos d'voirs de parents faut qu' nous les remplissions,
D'nos enfants, dis-moi, c' qu'on veut que nous fassions.
          Qu' c'est vexant, etc.

J'en trouve un' fort bien, mais mon chien Fidèle,
R'gardait la concierg' :—Monsieur, s'écria-t-elle,
Faut pas d'animaux.—Madame, par bonté,
Il est si fidèle ; elle avec naïveté
M' dit :—J' suis femme et m' moqu' de la fidélité.
          Qu' c'est vexant, etc.

Les p'tits logements sont si chers, si rares,
Que j' veux dans un grand porter mes dieux lares ;
Deux mill' francs, c'est cher, pour donner tant de fonds,
Comm' j'ai sur le quai cinq fenêtre à balcons,
J' verrai tous les jours défiler les dragons.
          Qu' c'est vexant, etc.

Pourtant j' réfléchis et je me hasarde,
Pour cent vingt-cinq francs, à louer un' mansarde ;
A vos frais, m' dit-on, vous la f'rez nettoyer,
Il ne manqu' seulement pour la rapproprier
Qu'un' port', des carreaux, des tuil's et du papier.
          Qu' c'est vexant, etc.

L' concierge ajouta : Si, comme j' le pense,
L' mobilier est beau, vous payerez d'avance ;
Vous s'rez plus tranquille et vous comprenez bien,
Qu' l'argent qu' vous donnez, par ce simple moyen,
Rapporte deux fois, et que nous n' risquons rien.
          Qu' c'est vexant, etc.

                    Paroles de Gustave LEROY.

Ohé! les Auvergnats.

Air : *Des p'tits Agneaux* (de Colmance).

Ohé! les Auvergnats!
On dit que nous chommes
Rien que des charabiats,
Et non pas des jhommes.
A tous ches pieds plats,
F' geurs d'embarras,
Prouvons qu' nous chommes,
   Qu' nous chommes
   Des jhommes
Et dés Auvergnats !

Férailleurs, chaudrogniers,
Vite qu'on che rachemble;
Porteurs d'eau, charbogniers,
Mettons-nous enchemble.
   A ches rien du tout,
   Qui dis'nt partout,
Qu' nous chomm's des jhuîtres,
Chans cacher les vitres;
Prouvons-leur qu'ils n'ont pas bon goût.
   Ohé! etc.

Pour parler bien franchais,
Pour chanter la romanche,
Pour chavoir à peu d' frais
Avoir de l'éléganche ;
Pour aimer l' lard gras,
   Les cervelas;
Pour chavoir plaire
A cha ménagère,
Il n'est tel que les Auvergnats.
   Ohé! etc.

Quand de la tête aux pieds
Nous chomm's, le dimanche,

Peignés, débarbouillés,
Et qu' j'avons la ch'mis' blanche,
Le fin chapeau plat,
En poil de chat,
La veste ronde,
Est-il dans le monde,
Des jhommes qui choient mieux mis qu' cha.
Ohé ! etc.

Des Frères Provenchaux
On vante la cuijine ;
Moi, j' soutiens qu' nos fricots,
Ont bien meilleure mine.
Soit chez Tortoni,
Ou chez Véry,
J' voûs défends d° prendre
Quéqu' chos' de plus tendre,
Que not' fin morcheau de rousti.
Ohé ! etc.

Ch'est à nous que l'on doit
Les modes les plus belles ;
Chur nos femmes j'on voit
Les plus riches dentelles.
Ch'est nous qui donnons
Les meilleurs tons
De l'étiquette ;
C'hest à la musette
Qu'il faut nous voir quand nous dansons.
Ohé ! etc.   J. E. AUBRY.

L'Enfant de l'Orphelinat impérial.

ROMANCE.

AIR : *Laissez les roses aux rosiers.*

Toi, pauvre enfant de la misère,
Qui ne connais pas les soucis,
Un malheur t'a privé d'un père,
A ta mère reste soumis.

La toute-puissance divine,
Guidera toujours ton destin,
Observe la sainte doctrine,
Car Dieu veille sur l'orphelin. (*bis*.)
} *bis*.

Comme l'oiseau, dans la charmille,
Tu fais entendre un chant plaintif;
Ta mère a toi seul pour famille,
Pourtant son front est bien pensif.
L'avenir remplit sa pensée,
Elle songe au pain pour demain.
La crainte la rend insensée;
Mais Dieu veille sur l'orphelin. (*bis*.)
} *bis*.

Près de ta couchette elle veille,
Elle prie et verse des pleurs.
Là, quelquefois elle sommeille
Bien longtemps avec ses douleurs.
Elle ouvre les yeux dès l'aurore,
Mais ne peut sourire au matin,
Bien que l'espoir ait dit encore :
Ton Dieu veille sur l'orphelin. (*bis*.)
} *bis*.

Que de soupirs!... Ah! pauvre mère,
Combien aujourd'hui son cœur bat!
La Vierge exauce sa prière...
Son fils est à l'Orphelinat.
Ses souhaits à la Providence
Sont pour un prince chérubin,
Et tous ses vœux sont pour la France,
Où Dieu veille sur l'orphelin. (*bis*.)
} *bis*.

Par Jacques MOREAU.

LES DEUX COMPÈRES.

Paroles d'Édouard FRANCHOT.

AIR *du Vieux Braconnier*.

Bonjour, mon joyeux compère.
Mais qu'as-tu donc aujourd'hui?

Tu parais triste et colère,
Qui peut causer ton ennui ?
— Ah ! c'est une sombre histoire...
— Alors fais monter du vin.
Il faut boire, il faut boire
Pour dissiper ton chagrin.   { bis.
Tu sais que j'avais pris femme,
Croyant goûter au bonheur.
Je le jure sur mon âme,
Pour moi ce fut un malheur.
Ils ont fui ces jours, Grégoire,
Où j'étais toujours serein.
Il faut boire, etc.

Pendant un mois, cette terre,
Fut pour moi le paradis ;
Ma femme me laissait faire.
J'étais heureux, mais depuis
La discorde, laide et noire,
Chez nous jeta son grappin.
Il faut boire, etc.

Ami, plains-moi, car Javotte,
Est le maître à la maison ;
Elle porte la culotte
Et commande sans façon.
Souvent sur moi, c'est notoire,
Elle ose lever la main.
Il faut boire, etc.

Si parfois je bois chopine,
Ou si je rentre un peu tard ;
A la tête la..... lutine
Me jette sans nul retard :
Les plats, les pots, l'écumoire,
En m'appelant sac-à-vin !
Il faut boire, etc.

Si je veux de sa tendresse,
Obtenir une faveur,
Tout aussitôt la traîtresse
M'accueille d'un air moqueur.

Je crains bien, ami Grégoire,
De ressembler à Vulcain.
Il faut boire, etc.

LA MARCHANDE DE FLEURS

CHANSONNETTE.

Paroles de M. J. PASCAL.

AIR : de *la Ronde des conscrits.*

Je reviens avec l'été,
Mes petites pratiques,
Pour vous vendre avec gaîté
Des bouquets magnifiques !
Accourez, fleurissez-vous,
J'ai des fleurs pour tous les goûts.
   Venez, amateurs,
    Choisir dans mes fleurs ;
      Ma corbeille
      Est vermeille.
} Bis.

Au jaloux j'offre un *souci,*
Un *œillet* au poëte,
A la modestie aussi
J'offre la *violette,*
Le *myrte* aux tendres amants,
La *tulipe* aux bons vivants.
   Venez, etc.

Le *bluet* à la gaîté,
Qui de l'ennui nous venge,
A l'innocente beauté
La blanche *fleur d'orange*;
J'offre l'*ortie* aux railleurs
Et la *pensée* aux rêveurs.
   Venez, etc.

Je vends dans chaque quartier
Autant qu'il est possible ;
J'ai la *branche d'olivier*
Pour l'homme au cœur paisible,

Et pour le brave guerrier
L'*immortelle* et le *laurier.*
   Venez, etc.

Chaque fleur vient se ranger
Sous ma main preste et blanche.
J'ai la fleur de *Béranger,*
La suave *pervenche ;*
Dans la ville et les faubourgs
La *pervenche* plaît toujours !
   Venez, etc.

               Propriété de l'auteur.

LE TEMPS

Paroles d'Aurélie HUE.

AIR : *Si les fleurs parlaient,* ou *Ne grandis pas.*

Le vent qui passe à travers les années,
A fait tomber mes feuilles de printemps ;
Et vers l'automne où les fleurs sont fanées,
Je trouve encor des rayons éclatants.
Gais passereaux vos douces ritournelles
Contre l'ennui me sont d'un beau secours,
Volez, volez brillantes étincelles,
Le temps n'a pas brisé tous mes amours.

J'ai regretté mes tendresses d'enfance,
Les papillons qui me faisaient courir ;
L'heure où j'allais ignorant mon offense,
Baiser les fleurs qu'un baiser fait mourir.
Mais une mère aux bontés éternelles,
Me reste encor de ces lointains beaux jours ;
Volez, volez brillantes étincelles,
Le temps n'a pas brisé tous mes amours.

Vingt folles ont grâce à mes sympathies,
Surpris mon cœur avec un faux aveu ;
Toutes m'aimaient et toutes sont parties
Sans me laisser un simple mot d'adieu,

Toutes m'ont fui comme des infidèles ;
Mais dans mon cœur je les revois toujours.
Volez, volez brillantes étincelles,
Le temps n'a pas brisé tous mes amours.

Fille du ciel, ô vierge d'harmonie,
La mort qui frappe et s'éteint vers ton seuil ;
Sans distinguer les noms et le génie,
Voile mon front de tristesse et de deuil.
Mais la faucheuse en secouant ses ailes,
Révèle aussi de nouveaux troubadours.
Volez, volez brillantes étincelles,
Le temps n'a pas brisé tous mes amours.

La Reine du quartier Latin.

AIR : *des Gnouff, Gnouff. — Punch Grasset.*

Paroles d'ÉDOUARD FRANCHOT.

Écoute-moi, gentille amie,
Disait un jour un citadin
A la jeune et tendre Sylvie,
La reine du quartier Latin.

La nuit et le jour,   Oui, oui.
Je t'aime d'amour,   Oui, oui.
Oui, je t'aime sans nul détour.
Ah ! ah !
Non, non, non, répondit la belle,
Non, non, non, sans être cruelle,
Non, non, non, non, non, non,   *bis.*
A tous vos discours
Je réponds toujours :
Non.

Je t'offre, ma charmante brune,
Je t'offre ma main et mon cœur ;

Tu peux calmer mon infortune
Et d'un mot faire mon bonheur.
　　La nuit et le jour, etc.

J'ai du bien dans la Normandie,
Des fermes, des bois, un château.
A la mienne enchaîne ta vie,
Et de tout je te fais cadeau.
　　La nuit et le jour, etc.

Mais je le vois, ô faible femme,
Du plaisir tu te fais l'écho.
Je veux, pour attendrir ton âme,
Ce soir, te conduire au Prado.

　　La nuit et le jour,　　Oui, oui.
　　Je t'aime d'amour,　　Oui, oui.
　　Oui, je t'aime sans nul détour.
　　　　Ah ! ah !
Oui, oui, oui, répondit la belle,
Oui, oui, oui, le plaisir m'appelle,
Oui, oui, oui, oui, oui, oui,
　　A toi pour toujours,
　　Mon cœur, mes amours,
　　　　Oui.

　　　　　　　　　　　　　　　} bis.

Toute reproduction est interdite.

1. Les Amours de M. Patapouf.—2. Y n' faut pas tant d' beure.
— 3. Madeleine et Nicolas. — 4. Un Logement, S. V. P. —
5. Ohé ! les Auvergnats. — 6. L'Enfant de l'Orphelinat. —
7. Les deux Compères. — La Marchande de Fleurs. —
9. Le Temps. — 10. La Reine du quartier Latin.

Se trouve chez ROGER, éditeur, rue Fontaine-au-
Roi, 25 et 27.

Dépôt chez SEVIN, rue du Plâtre-Saint-Jacques, 24

Paris.—Typ. Morris et Cie, rue Amelot, 64

LE
Panthéon Chantant

ALBUM LYRIQUE
2ᵉ Livraison.

ASSEYEZ-VOUS DONC
LÀ-D'SSUS

CHANSONNETTE

Paroles de ALEXIS DALÈS.

Air : *Tapez, tapez-moi là-d'sus* (Colmance) ou *une Noce à Montreuil.*

Escorté de mon caniche,
En flânant hier au soir
J'entrevis sur une affiche
Ces mots : *Allez-vous asseoir.*
Vous qui placardez les rues
De ces titres biscornus,
Asseyez-vous donc là-d'sus
Faiseurs de revues;
Asseyez-vous donc là-d'sus
Et n'en faites plus.

Mon voisin, monsieur *Mélange*,
Pour attirer les buveurs,
Au moment de la vendange,
Dit à ses consommateurs :
J'ai remplacé mes banquettes
Par des tabourets cossus !
Asseyez-vous donc là-d'sus,
Videz mes feuillettes.
Asseyez-vous donc là-d'sus
Et n'en bougez plus.

L'arbre reprend sa parure,
Adieu frimas et glaçons;

Le printemps à la nature
Rend ses fleurs et ses buissons.
De mousse et de pâquerettes
Voyez ces tapis touffus :
Asseyez-vous donc là-d'sus
Garçons et fillettes,
Asseyez-vous donc là-d'sus
Et n' grelottez plus.

Chaque peuple a sa manie,
Mais c' que j' trouve un peu brutal
Chez celui de la Turquie,
C'est le supplice du pal.
L'exécuteur d' la justice
Dit aux patients éperdus :
Asseyez-vous donc là-d'sus
Faut qu' j' fass' mon service;
Asseyez-vous donc là-d'sus
Et n'en parlons plus.

Pour Dieu! grisettes lutines,
Vous qui singez le bon ton,
Quittez-donc vos crinolines
Pour le modeste jupon.
On entend dire à la ronde,
Au théâtre, en omnibus :
Asseyez-vous donc là-d'sus,
Pour n' pas gêner l' monde ;
Asseyez-vous donc là-d'sus
Et n'en r'portez plus.

Nous préférons à la guerre
Le travail, l'ordre et la paix;
Mais qu'un' puissance étrangère
Menace le sol français,
En croisant la bayonnette,
Nous dirons tous résolus :
Asseyez-vous donc là-d'sus,
Pas tant d'étiquette;
Asseyez-vous donc là-d'sus
Et n'y r'venez plus.

NE M'AIME PAS

MAIS LAISSE-MOI T'AIMER

Paroles d'ACHILLE LÉVY.

AIR : *Si les fleurs parlaient,* ou *Ne grandis pas.*

Ma douce amie, ô ! ne sois pas sévère
Envers celui qui t'adore en secret !
Ah ! crois-le bien, mon amour est sincère,
Et ta froideur m'inspire du regret.
Mon pauvre cœur se livre à la tristesse :
Ce que je sens, je ne puis l'exprimer !
Si tu ne peux partager ma tendresse,
Ne m'aime pas, mais laisse-moi t'aimer !

Accorde-moi, naïve jeune fille,
Un entretien qui ferait mon bonheur.
En ce beau jour, dans ton œil noir qui brille,
Puissé-je voir un instant de douceur !
En soupirant, tu détournes la tête,
Tous mes discours ne peuvent te charmer.
Ah ! permets-moi d'espérer ta conquête :
Ne m'aime pas, mais laisse-moi t'aimer !

En souriant, tu me charmes sans cesse,
Et maintes fois, quand je t'entends chanter,
De mon logis déserte la tristesse,
Qui trop souvent venait le fréquenter.
Toi seule, hélas ! peux embellir ma vie ;
Par tes attraits tout semble s'animer :
Sois mon épouse et ma fidèle amie,
Et pour toujours je jure de t'aimer !

MA BOUTEILLE

CHANSONNETTE

Paroles d'ALEXIS DALÈS

AIR : *de la Polka des Buveurs*

Musique de Mlle SUSANNE LAGIER.

Refrain

Tra la la la, tra la la la!
Amis, tant que l'on boira,
Tra la la la, tra la la la,
Le chagrin s'envolera!

Ah! pour chasser l'humeur noire
Et fortifier le cœur
Du fameux buveur Grégoire,
Il n'est tel que la liqueur!
Tra la la la, etc.

Le matin quand je m'éveille,
Si je me sens soucieux,
Je caresse ma bouteille,
Et, crac! me voilà joyeux.
Tra la la la, etc.

Toute chose a son breuvage,
Tout a soif dans l'univers :
La terre boit chaque orage,
Et le soleil boit les mers !
Tra la la la, etc.

Amis, vous pouvez me croire,
Oui, chacun boit tour à tour ;
Le bambin demande à boire,
Sitôt qu'il a vu le jour.
Tra la la la, etc.

Chacun boit à sa manière :
Le Normand du cidre est vain,
Le Flamand boit de la bière,
Et le Français boit du vin.
    Tra la la la, etc.

Le vin change bien des choses ;
Le pomard, le chambertin
Font plus de métamorphoses
Que n'en fait Robert-Houdin (1).
    Tra la la la. etc.

LE FOU PAR AMOUR

ROMANCE

AIR : *J'étais fou.*

De ma cellule on ouvre enfin la porte,
Quelques instants je puis fuir ma prison ;
Pauvre insensé, la nature m'apporte
Pour mon malheur un éclair de raison,
Tout mon passé, que par moments j'oublie,
Rentre en mon cœur ses griffes de vautour.
Oh ! laissez-moi la nuit de la folie,
Pitié, pitié, je suis fou par amour !

J'aimais Lucile, et l'époque fixée
Pour notre hymen arriva ! mais hélas !
Je l'attendis, ma belle fiancée,
Longtemps, longtemps... Lucile ne vint pas !
Elle avait fui !... m'écrivant l'infidèle :
Adieu, je pars sans espoir de retour.
Elle emportait ma raison avec elle !
    Pitié, etc.

(1) Robert-Houdin, célèbre prestidigitateur.

Voici des fleurs, vives, coloriées ;
La belle rose ! et quel contour coquet,
Un oranger !... la fleur des mariées :
Lucile eût pu porter ce blanc bouquet.
Souffle le vent, fleurs, votre corps fragile
Sera détruit avant la fin du jour,
Comme un serment que m'avait fait Lucile.
     Pitié, etc.

Qui vient là-bas ? Un couple heureux s'avance,
En échangeant des regards amoureux ;
Ils parlent bas, sans doute d'espérance :
Lucile et moi, n'étions-nous pas comme eux ?
Amant heureux, devant moi, si tu l'oses,
En lui disant : Je t'aime sans détour,
N'embrasse pas ses belles lèvres roses.
     Pitié, etc.

Voici ma mère ; oh ! viens, viens, mon bon ange,
Dont les conseils ont calmé mes douleurs.
D'un fol amour, ta tendresse me venge,
Et tes baisers savent sécher mes pleurs.
J'ai préféré l'amour d'une étrangère,
Qui m'enferma dans ce triste séjour,
A l'amour vrai que prodigue une mère !
Pardonne-moi, je suis fou par amour !

Gustave Leroy.

LA TROUVAILLE D'YVONNE

AIR *du Roi des Dandys*, ou *du Badigeonneur.*

Présage heureux! dit la gentille Yvonne ;
Toute la nuit je songeais à l'amour.
Rêve charmant : Dieu, lorsqu'il promet, donne,
C'est aujourd'hui le matin d'un beau jour.

Comme elle court, la folle et blonde fille!
Elle s'arrête, et sous son pied pressé
Elle a trouvé... non pas perle qui brille,
Ni diamant, mais un vieux sou percé,

Ce talisman que le hasard te livre,
Garde-le bien, car c'est un vrai trésor.
Ce simple sou, ce vil morceau de cuivre,
A devant Dieu plus de valeur que l'or.

Pour lui, du moins, pauvreté n'est pas vice,
Car, vengeant ceux que le monde a maudits,
Ces sous bénis, si j'en crois ma nourrice,
Pour l'indigent font toujours des petits.

L'or, plus brillant, plus recherché, plus rare,
Nous abandonne à l'heure du trépas.
Un sous troué, quel déchet pour l'avare!
Dans son coffret, Harpagon n'en veut pas.

Mais par ce trou, qu'une main inconnue
A pratiqué peut être en souvenir,
Oui, c'est par là que notre faible vue
Croit découvrir un coin de l'avenir.

Le jeune cœur où fermente la sève,
Ne voit partout que parfum et que miel.

Ce sou percé par la vierge qui rêve,
C'est le bonheur, c'est l'amour, c'est le ciel.

Pour l'humble fleur que l'orage a flétrie,
C'est le zéphyr soufflant vie et santé;
Pour l'exilé, le sol de la patrie;
Pour le captif, l'air de la liberté.

Ce talisman, que le hasard te livre,
Garde-le bien, car c'est un vrai trésor.
Ce simple sou, ce vil morceau de cuivre,
A devant Dieu plus de valeur que l'or.

Mais où cours-tu, mon Yvonne chérie?...
Là-bas, là-bas, sur le bord du chemin,
C'est une mère, hélas! qui pleure et prie,
Et deux enfants qui me tendent la main.

Tenez, dit-elle, acceptez, pauvre femme,
Le seul trésor que j'aie encor trouvé,
Et puisse-t-il assurer à votre âme
Tout le bonheur que la mienne a rêvé!

Faible cadeau! Mais tu suis ta nature.
Tout vers le bien révèle son penchant :
L'arbre a son ombre, et l'eau son frais murmure,
La fleur son beaume et l'oiseau son doux chant.

Ton rêve heureux se réalise, Yvonne :
Toute la nuit tu songeais à l'amour;
Or, c'est aimer de faire ainsi l'aumône.
C'est aujourd'hui le matin d'un beau jour.

IMBERT.

LE SOLITAIRE

ROMANCE

Paroles par JACQUES MOREAU

AIR : *Ne Grandis pas.*

Dans ma chaumière, ah ! laissez-moi tranquille :
Je suis heureux dans ce simple réduit.
Je n'aime pas le séjour de la ville,
Où trop souvent le malheur nous poursuit.

Refrain.

Pour soulager, mon âme se divise,
Et bien souvent des pleurs mouillent mes yeux,
Des pleurs mouillent mes yeux !
Mais le matin me ramène la brise,
Pour caresser mon front bien soucieux,
Pour caresser (*bis*) mon front bien soucieux.

Rien n'est plus beau qu'une grande prairie
Les champs, les fleurs et l'ombre de l'ormeau.
C'est ma retraite, et sur l'herbe fleurie,
J'aime rêver au bas d'un vert coteau.

Pour soulager, etc.

La douce paix, ma compagne fidèle,
Souvent m'a dit : Ne forme aucun désir !...
Mon cœur jamais ne s'éloignera d'elle,
Et loin du bruit un jour je veux finir...

Pour soulager, etc.

TES YEUX N'ONT PAS VIEILLI

AIR : *Marguerite, fermez les yeux.*

Tu te plains de vieillir, et la peur de déplaire
Exagère chez toi les outrages du temps ;
Le cruel qu'a touché ta naïve colère,
N'a pas pris tous les dons qui charmaient tes vingt ans.
Folle, pourquoi crains-tu de perdre ton empire?
Ton regard m'interroge, et j'en ai tressailli !
C'est encor de l'amour que ce regard respire :
    Clara, tes yeux n'ont pas vieilli.

Calme donc ton dépit, et sachons nous entendre ;
Pour une ride au front, le cœur doit-il changer ?
N'es-tu pas, ô ma chère, aussi bonne, aussi tendre?
A tes plus doux secrets suis-je plus étranger?
Est-ce une complaisance, un soin que je réclame?
Je lis dans un coup-d'œil que je suis accueilli.
C'est toujours le miroir où se peint ta belle âme :
    Clara, tes yeux n'ont pas vieilli.

Mais pourtant quelquefois, grondeuse tourterelle,
Tu gémis aigrement de mes propos moqueurs.
Nous nous en aimons mieux ; une bonne querelle
Est le plus court chemin pour rapprocher deux cœurs.
Coupable de quel crime ou de quelle vétille
Hier me suis-je vu par l'orage assailli?
Sous leur velours changeant l'éclair encor scintille,
    Clara, tes yeux n'ont pas vieilli.

J'ai dû croire, égaré par une fantaisie,
Que, sans cesser d'aimer, on peut être inconstant ;
Et parfois j'ai voulu tromper ta jalousie !
Tromper l'œil féminin, bien fou qui le prétend !
De mes folles amours, quel que fut l'intervalle,
Près d'une autre mes sens à peine avaient failli,
Que ton premier regard devinait ta rivale ;
    Clara, tes yeux n'ont pas vieilli.

VICTOR RABINEAU.

VIENS, LISETTE

Paroles d'ÉDOUARD FRANCHOT.

AIR : *de la Polka des Buveurs.*

Viens, déjà l'ombre environne
Les grands bois et le hameau,
Et l'orchestre qui résonne
Nous appelle sous l'ormeau,

Refrain.

Entends-tu, belle Lisette,
De la danse le signal?
Viens, en ce beau jour de fête
Tu seras la reine du bal.

La campagne est animée
Par le bruit confus du soir,
Et la brise parfumée
Parle d'amour et d'espoir.
   Entends-tu, etc.

Qu'as-tu besoin de toilette
Pour charmer l'âme et le cœur,
N'as-tu pas, ô ma brunette,
Tes vingt ans et ta fraîcheur ?
   Entends-tu, etc.

Plus d'un, en voyant tes charmes,
De mon bonheur est jaloux;
Mais mon cœur est sans alarmes :
L'amour veillera sur nous.
   Entends-tu, etc.

Effeuillons notre jeunesse,
Fleur que fanerait le temps;
Le plaisir, ô ma maîtresse,
De la vie est le printemps.
   Entends-tu, etc.

Garde ton cœur.

AIR : *Ne grandis pas, ô ma fille adorée.*

Je suis à bout de lâches imprudences,
Et mon amour enfin me fait pitié ;
 Aux vœux ardents, aux douces confidences
Tu n'as offert qu'une froide amitié.
Dans tes dédains j'étoufferai ma flamme ;
Garde ton cœur qui m'échappe toujours ;
Je ne veux pas d'une amitié de femme
Tant que ses yeux appellent les amours !

A mes désirs feignais-tu de souscrire ?
Crédule fou, j'aimais à m'abuser ;
Et l'ironie aiguisait ton sourire ;
Quand j'ai surpris ton unique baiser.
    Dans tes dédains, etc.

Tu n'as pas fait un serment de vestale ;
Un plus heureux obtiendra tes égards.
Si j'acceptais ton amitié fatale,
Que deviendrais-je au feu de vos regards ?
    Dans tes dédains, etc.

Cette amitié n'est qu'un jeu de coquette ;
Dès qu'un hasard a rapproché deux cœurs,
L'amour qui manque une double conquête,
Fait un martyr au lieu de deux vainqueurs.
    Dans tes dédains, etc.

Adieu, cruelle ! au baume de l'absence
Je vais devoir jusqu'à l'oubli des pleurs ;
Puisse l'amour dont tu crains la puissance
Te refuser sa joie et ses douleurs !
    Dans tes dédains, etc.

VICTOR BABINEAU

LE VIEUX CÉLIBATAIRE

CHANSONNETTE

Paroles de Alexis DALÈS.

AIR : *Ho ! du Bataillon d'Afrique* (Ch. Gilles).
ou *Tiens, si tu veux, Jeannette* (Al. Dalès).

Jeanne, ferme la fenêtre,
Vois, le jour vient de finir ;
Il est un peu tôt peut-être,
Mais j'ai besoin de dormir.
J'ai comme un léger frisson ;
Si j'allais être malade ?
Donne-moi ma limonade
Et mon bonnet de coton.

Jeanne, c'est demain ta fête ;
Va, nous la célébrerons :
Dans un gentil tête-à-tête
Ensemble nous dînerons.
Nous mangerons du chapon
Et du homard en salade !
  Donne-moi, etc.

Tout près du mien sur la table
Tu placeras ton couvert,
Et de ta voix agréable
Tu chanteras au dessert

Une drôlette chanson :
La romance est trop maussade.
  Donne-moi, etc.

Après-dîner, ma poulette,
Te parant de tes bijoux,
Tu soigneras ta toilette,
Et puis, bras dessus-dessous,
Nous irons à Charenton.
La superbe promenade !
  Donne-moi, etc.

Je suis tout seul sur la terre,
Je n'ai de maître que moi.
Avec mes rentes, ma chère,
Je puis bien penser à toi ;
Aussi je veux Jeanneton
Partager en camarade.
  Donne-moi, etc.

Jeanne, la perle des bonnes,
Je te promets, mon enfant,
Pour les soins que tu me donnes,
Place dans mon testament.
Sur ce, bonsoir, ma tonton ;
Et puis, avec l'accolade
Donne-moi ma limonade
Et mon bonnet de coton.

ALLEZ VOUS ASSEOIR

DICTON POPULAIRE.

Paroles de ALEXIS DALÈS.

AIR : *Bonjour, mon ami Vincent.*

Ami, j'aime le plaisir,
Voilà ma philosophie,
Et puisque l'on doit mourir,
Usons gaiement de la vie :
Non, rien, selon moi, ne vaut la gaieté,
A quoi donc sert-il de vivre attristé ?
Pleureurs, qui traitez la joi' de folie
Et qui gémissez du matin au soir,
   Allez vous asseoir.   (*4 fois.*)

Pour tourner un compliment
J' suis pas fort près d'un' jeun' fille,
Et je lui dis simplement,
Quand je la trouve gentille :
« Vous n'êtes pas riche et moi je n'ai rien,
» Donnez-moi votr' cœur et prenez le mien. »
Amoureux transis, dont l'esprit pétille,
Qui, près d'un tendron, tenez l'encensoir,
   Allez vous asseoir.   (*4 fois.*)

Fi ! de ces maigres repas
Où chaque invité chipote,
A table je n'aime pas,
N'avoir rien sous la quenotte,
J'aime les dindons dodus et bien gros !
J'aime les pâtés, j'aime les gigots !
Vous qui de radis mangez une botte,
Pour vous restaurer du matin au soir,
   Allez vous asseoir.   (*4 fois.*)

Le *quibus* que j' sais gagner
Je l'emploie à ma manière;
L'argent est fait pour rouler
Puisqu'il est rond comm' la terre.
Je n'aurai jamais (comme on dit) le sac,
J'aime mieux soigner mon *p'tit estomac*.
Vous qui vous privez mêm' du nécessaire,
Afin d'amasser un brillant avoir,
    Allez vous asseoir.   *(4 fois.)*

    Bien que j' n'aim' pas les pochards,
Jamais mon gosier n' se mouille
    Avec du bouillon d' canards
    Ou d' l'élixir de grenouille;
J' révère de Bacchus le jus si vanté
Mais j'aime le boire en p'tit' quantité;
Vous, buveurs fameux dont la langu' s'embrouille,
Et qui vous grisez devant un comptoir,
    Allez vous asseoir.   *(4 fois.)*

---

1. Asseyez-vous donc là-d'sus. — Ne m'aimes pas, mais laisse
moi t'aimer. — 3. Ma bouteille. — 4. Le fou par amour. —
5. La Trouvaille d'Yvonne. — 6. Le solitaire. — 7. Tes yeux
n'ont pas vieilli. — 8. Viens Lisette. — 9. Garde ton cœur.
10 Le vieux célibataire. — 11. Allez vous asseoir.

Se trouve chez ROGER, rue Fontaine-au-Roi, 25 et 27,
à Paris. — Dépôt chez SEVIN, rue du Plâtre-St-
Jacques, 24. — On ne reçoit que les lettres affranchies; et on n'expédie que contre un bon sur la
poste.

La troisième Livraison du PANTHÉON CHANTANT con-
tiendra le portrait de VICTOR RABINEAU.

Paris. — Typ. Morris et Comp., rue Amelot, 64.

LE
Panthéon Chantant

ALBUM LYRIQUE.

(1re Livraison.)

LE DOCTEUR MIRIFIQUE.

CHANSONNETTE COMIQUE

Chantée par M. FLEURY, au Café-Concert des
Ambassadeurs.

Paroles d'Alexis DALÈS.

Air : *En revenant de Saint-Denis en France* ou
M. Pignouf.

Sonnez trompette, en avant la musique!
    D'zing! boum! boum ! (*bis*)
    D'zing! malatapoum !
Je suis, messieurs, le docteur Mirifique,
    D'zing, malatapoum ! (*bis*)

Pour découvrir mes sublimes recettes,
    D'zing! boum! boum !
    D'zing! malatapoum !
J'ai voyagé dans toutes les planètes,
    Dzing! malatapoum !

Et pour cueillir chaque herbe salutaire.
    D'zing! boum! boum!
    D'zing! malatapoum !
J'ai trois cents fois fait le tour de la terre !
    D'zing! malatapoum !

Mon élixir qui guérit la brûlure,
  D'zing! boum! boum!
  D'zing malatapoum!
Fait à l'instant pousser la chevelure!
  D'zing malatapoum!

Par sa vertu, ce roi des antidotes,
  D'zing! boum! boum!
  D'zing malatapoum!
Blanchit les dents et peut noircir les bottes!
  D'zing! malatapoum!

On peut guérir avec ce spécifique,
  D'zing! boum! boum!
  D'zing! malatapoum,
Le mal de dents, l'amour et la colique,
  D'zing, malatapoum!

Lorsqu'un bossu chez moi se recommande,
  D'zing! boum! boum!
  D'zing! malatapoum!
Crac! je le rends plat comme une limande,
  D'zing! malatapoum!

Bref, *Isambart*, dont la fortune est faite,
  D'zing! boum! boum!
  D'zing malatapoum!
Auprès de moi n'était qu'une **mazette!**
  D'zing malatapoum!

Dépêchez-vous d'acheter à la ronde,
  D'zing! boum! boum!
  D'zing malatapoum!
Car l'on m'attend à l'autre bout du monde!
  D'zing malatapoum!

LA FOLLE

ROMANCE DRAMATIQUE.

Paroles de J. E. AUBRY.

AIR *de Pandore (Brigadier, vous avez raison)*, ou
Laissez les roses aux rosiers.

Une folle nommé' Charlotte
Etait l'épouse d'un tanneur ;
Elle lui disait : Tig' de botte,
Ce qui voulait dire : Mon cœur ;
L'époux s'écriait : Saperlotte !
J'suis las d'entendre tous les jours,
Répéter ces mots : Tig' de botte,
C'est toi que j'aimerai toujours.

Avant qu'il ait mis sa culotte,
Le mari qui n'était pas sourd,
Entendait toujours : Tig' de botte,
Ce qui voulait dire : Bonjour.
La nuit venue, à chaque papillote
Qu'ell' mettait devant son miroir,
Sa voix murmurait : Tig' de botte ;
Ce qui voulait dire : Bonsoir.

Quand ell' partait avec sa hotte
Crier du mouron pour les s'rins,
On n'entendait que : tig' de botte ;
Ce qui f'sait rire les galopins ;

Mais la pratique qui n'est pas sotte,
Avec un peu d'attention,
Sut comprendre que Tig' de botte
Voulait dire : Voilà du mouron.

Enfin pour guérir sa Charlotte,
Notre tanneur perdait son temps,
Car de plus en plus tig' de botte
Etait entendu des passants ;
Mais un jour, sur un train qui flotte,
Voyant un pêcheur à l'ham'çon
Attraper une Tig' de botte,
Elle recouvra la raison,

Avant de devenir idiote,
La femme dont je parle ici
Ne disait jamais Tig' de botte,
La cause, messieurs, la voici,
Ne croyez pas que je radote :
Si cell' qui partage mon bien
A longtemps crié : Tig' de botte,
C'est la faut' *des Bott's à Bastien.*

UN
MARCHAND DE PLUMES.

CHANSONNETTE.

Paroles d'Alexis DALÈS.

AIR *de la Ronde des conscrits, ou de la Marchande de fleurs.*

Ecrivains, connus ou non,
Qui faites des volumes,
A moi, venez sans façon
Pour m'acheter des plumes;
J'en ai de tout's les couleurs
Et de toutes les grosseurs;
   Voyez, choisissez,   (*bis*)
   Prenez, essayez
  Ma marchandise
   Exquise.

Vous, gens de tous les métiers,
Venez dans ma boutique,
J'ai, pour messieurs les banquiers,
La plume *métallique;*
Pour les chanteurs du Tyrol,
J'ai des plum's de *rossignol,*
   Voyez, choisissez, etc.

Pour écrire à ses amis,
La gentille grisette

Vient prendre dans mon logis
Des plumes de *fauvette* ;
Aux usuriers, tous les jours,
J'vends des plumes de *vautours.*
   Voyez, choisissez, etc.

Tous mes articles sont bons,
De plus, ils sont solides ;
J'ai des plumes de *dindons,*
Pour les jobards candides ;
Pour le vieux boudeur grigou
J'ai des plumes de *hibou.*
   Voyez, choisissez, etc.

Chaque jour, dans mon bazar,
Je vois grossir la foule ;
Pour l'amateur de billard
J'ai des plumes de *poule* ;
Au marin, dur comme un roc,
J'offre des plumes de *coq.*
   Voyez, choisissez, etc.

Fouillez dans chaque paquet,
  Prenez de confiance ;
J'vends des plum's de *perroquet*
Aux sots pleins de jactance ;
J'offre, dans bien des quartiers,
Plume de *pie* aux portiers.
   Voyez, choisissez, etc.

Bref, je livre aux amateurs
Les plumes les plus belles,
Pour messieurs les voyageurs
J'ai celles d'*hirondelles* ;
Un articl' que j' vends beaucoup,
C'est la plume de... hibou.
   Voyez, choisissez, etc.

Toute reproduction est interdite.

LES RÊVES DE JEUNE FILLE.

Paroles de Gustave LEROY.

Air : *Eveillons-nous et tâchons d'oublier.*

Lorsque le jour se couvre des longs voiles
Qui font la nuit en cachant le soleil,
Au firmament, les petites étoiles
Viennent chanter la chanson du sommeil ;
Quand, sur minuit, grande et petite aiguille
Ont mesuré les distances du temps,
Tout en dormant, caressez, jeune fille,
Caressez bien vos rêves de vingt ans.

C'est que le rêve a des effets étranges :
Il vous transporte en des lieux inconnus ;
Par son pouvoir, des démons ou des anges
Montrent leurs fronts couronnés et cornus ;
Il vous enferme au sein d'une coquille
Ou vous bâtit des palais éclatants.
    Tout, etc.

Il se peut bien qu'un rêve vous envoie
Dans un salon plein d'un luxe royal,
Le corps paré d'une robe de soie,
De diamants purs comme le cristal ;
Vous vous voyez la reine d'un quadrille ;
Vous dominez les cœurs jeunes, ardents.
    Tout, etc.

Soudain paraît un jeune homme, il implore
Le doux aveu qu'il a tant recherché ;
A son aspect votre teint se colore,
Et votre cœur fait un premier péché.
L'amour s'éveille, en vos beaux yeux il brille,
Votre sein bat sous vos doigts palpitants.
    Tout, etc.

Le rêve change..... et pour une coquette,
Il vous trompait ! Plaignez le pauvre fou ;
C'est le mineur qui bien loin de lui jette
Le diamant qu'il prend pour un caillou ;
Il ne sait pas le bonheur qu'il gaspille ;
Mais vous souffrez .. enfant il en est temps,
Eveillez-vous, gardez purs, jeune fille,
Ah ! gardez purs vos rêves de vingt ans.

ÇA M'ÉTONNE

Paroles de VICTOR RABINEAU.

AIR : *du Vieux braconnier.*

Ballotté comme un pendule,
Entre l'erreur et le vrai,
Je cesse d'être incrédule,
Sans trop savoir où j'irai :
Tout raisonneur déraisonne,
L'absurde est la loi des lois ;
    Ça m'étonne (*ter*),
    Mais j'y crois.

Avez-vous vu la comète
Et raillé tout vieux devin,
Qui veut que l'astre promette
Un déluge de bon vin ?
Sa queue a rempli ma tonne
Du jus divin que je bois ;
    Ça m'étonne, etc.

Tous les sages nous le prouvent,
Le travail est un trésor ;
Mais il est des gens qui trouvent
Que la Bourse est mieux encor ;

Se peut-il que l'on moissonne
Un or qui tache les doigts ?
    Ça m'étonne, etc.

L'histoire doit être grave,
Sur de glorieux trépas;
« La garde meurt, dit un brave,
Mais elle ne se rend pas ! »
Et l'on prétend que Cambronne
A dit un mot moins courtois.
    Ça m'étonne, etc.

Fillette, dit un proverbe,
Pour garder ton cœur en paix,
Ne va pas jouer sur l'herbe
Ni dans un bois trop épais.
Quand sous sa verte couronne
On va deux, on revient trois.
    Ça m'étonne, etc.

Nicolas, âme damnée,
Compte cinquante printemps,
Et conduit à l'hyménée
Un cœur qui n'a pas vingt ans.
On dit qu'au front qui grisonne
L'amour fait pousser du bois.
    Ça m'étonne, etc.

MONSIEUR BASTIEN
soyez plus sage.

CHANSONNETTE.

Paroles d'Alexis DALÈS et JADIN.

AIR : *Laissez les roses aux rosiers.*

Monsieur Bastien, soyez plus sage :
Être trompeur, ça n'est pas beau ;
Je n'irai plus, loin du village,
Garder avec vous mon troupeau.
Une fillette de mon âge
Doit craindre un galant jouvenceau,
Monsieur Bastien, soyez plus sage :
Être trompeur, ça n'est pas beau.

D'un ruban de ma collerette,
L'autre jour je vous fis présent ;
Ce don, je le fis en cachette,
Car l'amour doit être prudent ;
Le Lendemain, dans le village,
Vous en ornez votre chapeau ;
Monsieur Bastien, soyez plus sage :
Être indiscret, ça n'est pas beau.

A Rose, Jeannette et Gertrude,
Les trois plus belles du pays,
Jadis, vous aviez l'habitude,
Au bal, d'être leur vis à vis ;
Vous les boudez, et le village
Vous voit me chercher sous l'ormeau.
Monsieur Bastien, soyez plus sage :
Être impoli, ça n'est pas beau.

Votre bateau, sur la rivière,
Hier me conduisit à bord.
Vouloir un baiser pour salaire
Et le prendre! vous aviez tort ;
Heureusement, tout le village
N'était pas sur le bord de l'eau ;
Monsieur Bastien, soyez plus sage :
Être effronté, ça n'est pas beau.

POINT DE MÉLANCOLIE.

Paroles de Désiré TALBEAUX.

Air *des Conscrits,* ou *du Gueux philosophe.*

Je veux, en vrai faubourien,
Gaîment passer ma vie *(bis.)*
Comme Job, moi je n'ai rien,
Le travail est mon seul bien.

REFRAIN.

Je chante toujours
Le vin, les amours;   } *bis.*
Point de mélancolie.

Je loge dans un grenier,
Près de femme jolie *(bis)*;
Je n'ai pour tout mobilier
Qu'une chaise, un oreiller.
Je chante, etc.

J'aime la rose des champs
Et la verte prairie;
Des oiseaux j'aime les chants,
Et pour narguer les méchants,
Je chante, etc.

Amis, mon plus grand défaut
Est d'aimer la folie;
La gaîté, voilà mon lot.
Comme le roi d'Yvetot,
Je chante, etc.

Le Retour de l'Esclave

Paroles d'EDOUARD FRANCHOT.

AIR : *Reviens, mon fils.*

C'était un soir, la plage était déserte,
Le jour fuyait loin du bord africain,
Quand au sommet d'une roche ent'rouverte
Un pauvre noir, joyeux, paraît soudain ,
Les bras tendus vers la forêt voisine.
Où se plongeait son regard triste et doux,
Il murmura, tombant à deux genoux :
Merci, mon Dieu, je revois la colline.
 Oui, je te vois, salut ô mon pays !
Salut, salut à tes riants arbres !
 Oui, je te vois, ô mon pays,
Mes chagrins sont finis.

Pendant dix ans, sur de lointains rivages,
Il me fallut, moi pauvre paria,
Faible et souffrant, dévorer les outrages,
Et bien souvent mon front noir se courba ;
Oui, bien souvent, du fond de ma misère,
Lorsque mon cœur s'envolait près de toi,
La voix du maître, en me glaçant d'effroi,
Venait, hélas ! détruire ma chimère.
 Mais, je te vois, etc

Combien de fois, ô j'enviais les ailes
Du bel oiseau qui, dans l'immensité,
Peut, à son gré, vers des rives nouvelles
Porter son vol et vivre en liberté ;
Oui, j'enviais jusqu'au léger nuage,
Qui, dans le ciel, glissait bien doucement ;
J'aurais voulu, sur les ailes du vent,
Pouvoir un jour retourner au village.
 Mais, je te vois, etc.

Oui, mais un jour, j'ai pu briser mes chaines,
Et, libre enfin, je reviens pour toujours
Me reposer à l'ombre des vieux chênes,
Où j'ai laissé ma joie et mes amours ;
Oui, je reviens, calme en ta solitude,
Revoir encore, au détour du sentier,
Ta vieille case et mon humble foyer.
D'où m'arracha l'horrible servitude. Mais, etc.

EN AVANT LES FILLETTES

Paroles de MAURICE PATEZ.

AIR : *En avant Fanfan la Tulipe.*

Accourez, jeunes fillettes
Au joyeux son du piston,
Gentilles folichonnettes,
Dont l'amour est le guidon ;
Le plaisir invite à la danse,
Animez-vous lutins joyeux ;
L'éclair de vos yeux
Nous rend tous heureux.
Sautillez,
Voltigez
En cadence.

En avant,
Fillettes drôlettes,
Gentilles follettes,
En avant !

L'amour, sur vos fronts. rayonne
Lorsque, dans l'ardent sillon,
Court, s'agite et tourbillonne
Votre rose bataillon.
Au bruit du tambour et du cuivre,
De l'enfer, vivant idéal,
L'orchestre du bal,
Tapage infernal,
Vous conduit,
Vous séduit,
Vous enivre,

En avant, etc.

Quand la campagne se dore
Aux blonds rayons du soleil,
Quand, du cœur, à son aurore,
L'amour sonne le réveil,
Pour fouler la fraîche verdure,
A l'ombre des arbres fleuris,
Fuyez de. Paris,
Vos tristes lambris ;
    Animez
    Et charmez
    La nature.

    En avant, etc.

En barque, les canotières,
La voile se gonfle au vent,
Vers les rivages d'Asnières,
L'amour vous guide en chantant ;
Défiez la vague et l'orage,
Les sauvages et les requins,
  De vos yeux mutins,
  Dangereux grappins,
    Nous aimons,
    Nous bravons
    L'abordage.

    En avant, etc.

Hélas ! fillettes si chères,
Dans la ronde du plaisir,
Vous passez, ombres légères,
Comme un vague souvenir...
Avant que la retraite sonne
Et du printemps et des amours ;
Folâtrez toujours :
Des riants beaux jours
    Emaillez,
    Effeuillez
    La couronne.

    En avant, etc.

TU VAS ME L' PAYER.

Paroles de TOSTAIN.

AIR : *Ça vous va-t-y bien ? ou Bonjour, mon ami*
Vincent.

J'ai pour suisse un vagabond
D' l'espèce la plus rapace ;
J' pari' qu'on n' trouve pas son s'cond
D' la Villette à Montparnasse :
Pour êtr' bien v'nu d' lui, faut s' fair' son client,
Puis il vous enfonc' qu' c'en est effrayant.
Tout ça n'vous dit pas c' que fait mon paillasse :
D' saint Crépin il port' l'épais tablier.

     Polisson d' sav'tier,
     Gueusard de portier,
     T'as beau t' récrier,
     Tu vas me l' payer.

Pour mamzell' Rose Godiveau,
Un' femm' que j' tiens qui s' m'attache,
J' te command' des souliers d' veau,
Tu m' lui fais des souliers d' vache ;
Si bien que d' ses pieds si blancs, si mignons,
Les œils de perdrix, les cors, les oignons
S' trouvant cahotés comm' dans un' patache,
Ell' n' peut fair' deux pas sans s'mettre à crier
     Polisson d' sav'tier, etc.

D' puis qu' chez toi je m' fais chausser,
Tu n'me fournis que d' la drogue,
Et si j' viens à t' l'observer,
Tu me r'çois comme un boul' dogue.
Dernièr'ment j' te d'mande un' pair' d'escarpins
Bien souples, légers, élégants et fins ;
Parmi les maçons j'aurais eu d' la vogue,
J'avais l'air d'avoir des sabots d' noyer.
     Polisson d' sav'ter, etc.

Je n'en viendrai pas à bout,
S'il faut que je vous démontre
Par le fait de ce grigou,
Comme en chaussur's je m'rencontre
Sur l' boul'vart l'autr'jour je m' promenais douc'ment,
Mon soulier s décolle et j'tombe si drôl'ment
Que j'en ai cassé le verr' de ma montre,
D'puis c'temps je n'peux pins m'asseoir ni m'ployer.
Polisson d' sav'tier, etc.

Enfin pour m'avoir doté
De souliers à n'y pas croire
Monsieur prend la liberté
De m'adresser son mémoire.
Payer d' tell's savat's, il faudrait êtr' fou!
De moi tu n'verras jamais l' moindre sou;
Pourtant, transigeons... pour que d'cette histoire
J' n'entend' plus un mot.... j'dois un an d' loyer.
Polisson d' sav'tier, etc.

Toute reproduction est interdite.

FIN.

Toute *contrefaçon sera poursuivie.*

LE
PANTHÉON CHANTANT
ALBUM LYRIQUE
5me LIVRAISON

GUSTAVE LEROY

MEMBRE

De la Société des Auteurs et Compositeurs
de Musique,

1860

LES RÊVES DE JEUNE FILLE.

Paroles de GUSTAVE LEROY

AIR : *Eveillons-nous et tâchons d'oublier.*

Lorsque le jour se couvre des longs voiles
Qui font la nuit en cachant le soleil,
Au firmament, les petites étoiles
Viennent chanter la chanson du sommeil ;
Quand, sur minuit, grande et petite aiguille
Ont mesuré les distances du temps,
Tout en dormant, caressez, jeune fille,
Caressez bien vos rêves de vingt ans.

C'est que le rêve a des effets étranges :
Il vous transporte en des lieux inconnus ;
Par son pouvoir, des démons ou des anges
Montrent leurs fronts couronnés et cornus ;
Il vous enferme au sein d'une coquille
Ou vous bâtit des palais éclatants.
    Tout, etc.

Il se peut bien qu'un rêve vous envoie
Dans un salon plein d'un luxe royal,
Le corps paré d'une robe de soie,
De diamants purs comme le cristal ;
Vous vous voyez la reine d'un quadrille ;
Vous dominez les cœurs jeunes, ardents.
    Tout, etc.

Soudain paraît un jeune homme, il implore
Le doux aveu qu'il a tant recherché ;
A son aspect votre teint se colore,
Et votre cœur fait un premier péché.
L'amour s'éveille, en vos beaux yeux il brille,
Votre sein bat sous vos doigts palpitants.
    Tout, etc.

Le rêve change..... et pour une coquette,
Il vous trompait ! Plaignez le pauvre fou ;
C'est le mineur qui bien loin de lui jette
Le diamant qu'il prend pour un caillou ;
Il ne sait pas le bonheur qu'il gaspille ;
Mais vous souffrez... enfant il en est temps,
Eveillez-vous, gardez purs, jeune fille,
Ah ! gardez purs vos rêves de vingt ans.

NOTICE AUTOBIOGRAPHIQUE.

Bien des lecteurs crieront au scandale, en voyant les chansonniers signer eux-mêmes leurs biographies. Ceci n'est pas une préface, une appréciation de nos œuvres; nous n'avons pas encore, Dieu merci! écrit nos Mémoires. Ce que vous tenez à savoir, c'est pourquoi et comment nous sommes devenus chansonniers. Soyez donc persuadés que je dirai de moi le moins de mal possible, et de cette façon, j'épargne une ingrate corvée à celui qui aurait été chargé de cette besogne.

Dans la pension où j'étais placé, il était d'usage, le vendredi de chaque semaine, de faire réciter aux élèves des fragments des œuvres de *Corneille*, *Racine*, *Voltaire*, etc., etc. L'habitude de la déclamation me donna le goût des vers (j'avais treize ans). Et quel est l'écolier dont l'imagination un peu ardente n'a point enfanté quelques vers pour son premier amour.

Trois ans plus tard, on me conduisit dans une goguette. Les auteurs qui s'y trouvaient portaient haut le drapeau de la chanson : c'était *Jules Leroy*, *Ed. Dugas*, *Ed. Hachin*, *Eug. Petit*, *A. Dalès*, *L. Festeau*, madame *Elisa Fleury*, etc., etc. En les écoutant, je compris mon infériorité, et quoi qu'à regret, je voulus abandonner Apollon et son coursier. Mais il était écrit que je serais chansonnier, et mon point de départ fut l'orgue de Barbarie : sans mon assentiment, un chanteur que vous aimez tous, s'empara de ma chanson, *La Petite Javotte*, qui obtint un succès dont j'ai toujours ignoré la cause. Puis vinrent *La Lionne, Les Morts, Le 14 Juillet, Les Farfadets Les Incomplets*, etc., etc., et beaucoup d'autres que je ne puis pas vous nommer, et quoique donnant plus à la pensée qu'à la forme, je réussis assez souvent, sans toutefois me rendre bien compte du bon accueil que m'a quelquefois fait le public, et j'eus le bonheur de voir mon nom figurer à côté de ceux de *Voitelain*, *Ch. Gilles*, *V. Rabineau*, *Ch. Colmance*, *A. Pister*, etc., etc. En somme, mes chansons se ressentent de ma nature impressionnable; j'aime ma mère, ma femme, mon enfant, mes amis; enfin, j'aime tout le monde, et même ceux qui me détestent.

Voilà pourquoi et comment je fais des chansons.

Paris, 1ᵉʳ janvier 1860.   GUSTAVE LEROY.

Nota. Au moment où j'écris cette notice, on me remet un cahier contenant des chansons, signées *Gustave Leroy, de Rouen.* je ne connais nullement ce collègue, et il ne m'appartient pas ici de juger son genre de talent; seulement, notre but n'étant pas le même, je prie le public de se tenir en garde contre toute fausse interprétation. G.L.

LES
AMOURS DE L'ARTISA

Paroles et musique de M. POT-LOUIS.

De mon grenier, je chéris la misère,
De mon grenier, j'aime la nudité.
Enfant du peuple, oublié sur la terre,
Mon luxe à moi, c'est la simplicité.
Pour décorer ma modeste mansarde,
Du superflu, je n'ai pas les atours;
Tu l'embellis, soleil qui la regarde *(bis)*.
De l'artisan Dieu bénit les amours *(bis)*.

L'humanité, cette divine source,
A mon logis préside chaque jour;
Parfois ma main ouvre petite bourse,
Mais c'est le cœur, lui, qui donne à son tour.
Petits oiseaux, j'entends votre ramage,
Qui, sur mon toit, implore mes secours;
D'un peu de pain, je vous fais le partage,
De l'artisan, Dieu bénit les amours.

Tout comme vous, je pouvais du bel ange
Prendre la fleur, effeuiller le printemps;
Puis l'oublier, le pousser dans la fange,
Où le mépris eût doté ses vingt ans.
En respectant la timide colombe,
J'ai des remords éloigné les discours;
En paix je puis descendre dans la tombe.
De l'artisan, Dieu bénit les amours.

Le Serment sur une Tombe.

Paroles de J. E. AUBRY.

: Laissez les roses aux rosiers ou *de la Rose de champs.*

Jeune fille, lorsqu'à ma vue,
Souriante tu vins t'offrir,
Mon âme fut troublée, émue,
Mon cœur palpitait de plaisir;
Je te dois cet aveu sincère ,
En te regardant, je me dis :
Il n'est qu'elle sur cette terre
Pour me donner le paradis.

Si tu veux m'aimer pour moi-même,
Moi qui n'ai rien, rien que mon cœur,
Jeune fille, comme je t'aime,
je te donnerai le bonheur;
Non pas au sein de l'opulence,
L'or ne le donne pas toujours,
Mais dans une modeste aisance,
Où pour nous luiront de beaux jours.

Des maux qu'amène l'indigence
Ne sois pas effrayée en vain,
L'ouvrier, avec patience;
Peut vivre exempt de tout chagrin
Quand on a du cœur à l'ouvrage,
De faim peut-on jamais mourir ?
C'est en redoublant de courage
Que l'on se fait un avenir.

J'ai fait le serment sur la tombe
De ceux qui me nommaient leur fils,
D'être toujours, douce colombe,
A tes moindres désirs soumis.
Dépositaire de ma vie,
Si tu veux partager mon sort,
Réponds : oui, mon âme est ravie;
Répondre non, serait ma mort.

LES PARENTS DE MA FUTURE !

CHANSONNETTE.

Paroles de Alexis DALÈS.

Air : *Ça vous coup' la gueule à quinze pas* (Colmance).
ou : *La danse du Papa Nicolas.*

C'est bien résolu je vais me marier,
    J'ai fait choix d'une jeune fille;
C'est un vrai trésor!... et j' puis certifier
    Qu'elle est d'une bonne famille.
    En l'épousant j'ai bien l'espoir
De posséder un jour un bel avoir,
    Elle a des parents d'établis
    Dans tous les quartiers de Paris.

Obtenir la main de ce jeune tendron
    Est une chance sans pareille!...
Elle a sa bell'-sœur, madame Fornichon,
    Qu'est *fruitiér'* dans la ru' d' *l'Oseille,*
    Sa tante est sag' femm' ru' du *Jour,*
Et son parrain pâtissier ru' du *Four.*
    Elle a des parents d'établis
    Dans tous les quartiers de Paris.

Après avoir bien essayé des métiers,
    De ma future le beau-père
Vend des cornichons ru' des *Vinaigriers,*
    Il est *sûr* de fair' son affaire.
    Un de ses oncles, bon vivant,
Est horloger dans la ru' du *Cadran.*
    Elle a des parents d'établis
    Dans tous les quartiers de Paris.

Ru' des *Amandiers,* son père est confiseur,
    J' pourrai m' péyer des friandises !

Ru' du *Petit-Musc*, son frère est parfumeur,
   J'emploirai de ses marchandises.
  L'mari d'la nièce d'sa bell'-sœur,
Ru' des *Canette's* est installé brasseur.
   Elle a des parents d'établis
   Dans tous les quartiers de Paris.

Elle a deux neveux qui marchent joliment,
   Grâce à leurs nombreuses pratiques;
Du matin au soir c'est un encombrement,
   La foule assaillit leurs boutiques!...
   L'un est rôtisseur ru' *Chapon*,
L'autre est traiteur dans la ru' du *Chaudron*.
   En v'la des parents d'établis
   Dans tous les quartiers de Paris.

CONCLUSION.

J' n'en finirais pas, si j' disais les métiers
   Où ces brav's gens font leurs affaires.
Deux sont boulangers, trois autres charcutiers,
   Et quatre sont propriétaires!...
   A l'œil, sitôt que j' vas m'unir,
J' pourrai m' loger, m' restaurer et m' vêtir,
   Grâce aux bons parents établis
   Dans tous les quartiers de Paris.

LA MAISON DE BÉRANGER

Paroles de Alexis DALÈS.

Air : *De Béranger à l'Académie.*

Enfants, voyez cette simple demeure,
Ici mourut l'immortel chansonnier !
La muse en deuil, qui sur sa tombe pleure,
Lui souriait jadis dans un grenier.
Vous comprendrez les accords de sa lyre,
Le temps viendra mûrir votre raison.
En attendant que vous puissiez le lire,
De Béranger, saluez la maison (*bis*).

Pendant longtemps sa muse populaire
Courut le monde en partant de Paris.
Dans les salons, l'atelier, la chaumière,
On fredonnait ses refrains favoris.
Il consola nos phalanges guerrières,
Nobles héros, vaincus par trahison !
Petits enfants, vous serez militaires,
De Béranger, saluez la maison (*bis*).

Pour l'exilé, comme pour son amie,
Il eut des chants d'espoir et d'avenir,
Et de son cœur l'amour de la patrie
Ne s'envola qu'à son dernier soupir.
Si vous saviez combien de douces choses
Il composa pour Lise et Frétillon.
Pour vous, enfants, l'amour garde des roses,
De Béranger, saluez la maison (*bis*).

Il est parti vers la voûte azurée,
Pour retrouver le Dieu des bonnes gens ;
Pauvres, pleurez sur sa lyre brisée,
Il fut toujours l'ami des indigents.
Avec bonheur sa main discrète et bonne
Sema partout des secours à foison.
Cœurs généreux, vous qui faites l'aumône,
De Béranger, saluez la maison (*bis*).

RESTE PRÈS DE TA MÈRE.

Paroles d'Édouard FRANCHOT.

AIR : *Pour faire un Nid.*
ou : *La Jeune Fille à l'Éventail.*

Enfant, bien loin de la chaumière,
Pourquoi vouloir porter tes pas?
Pourquoi chercher loin de ta mère
Un bonheur qui n'existe pas?
Tu veux quitter ce toit de chaume,
Ce doux nid qui fut ton berceau,
Pour suivre ce pâle fantôme
Que l'illusion rend si beau.
Reste, mon fils, près de ta mère;
Sans toi, qui la consolera?
Écoute, écoute, ma prière,
Et le bon Dieu te bénira.

Quoi, sans regret, de ton village,
Tu veux fuir les sentiers ombreux.
Toi dont la vie est sans nuage,
Tu rêves des jours plus heureux.
Enfant, crois-moi, la grande ville
(Sirène au sourire enchanteur),
Ne vaut pas un modeste asile
Où l'on trouve la paix du cœur.   **Reste, etc.**

Pour ta jeunesse, fleur éclose
Aux rayons du cœur maternel,
Mon fils, il est plus d'une chose
Dont le contact serait mortel.
Bientôt l'espérance s'envole
Quand viennent les déceptions,
Et l'âme perd son auréole
Au souffle impur des passions.   **Reste, ec.**

Peut-être un jour de ta pensée
S'effacerait mon souvenir;
Car l'amitié saine est chassé
Par le tourbillon du plaisir.
Peut-être aussi, l'âme flétrie,
Si tu revenais au hameau,
Pleurer vers ta mère chérie,
Tu ne trouverais qu'un tombeau.   **Reste, etc.**

SUR MON BRICK.

ROMANCE.

Paroles d'ÉDOUARD FRANCHOT.

AIR : *Je chanterai.*

Sur mon Brick léger, que le flot balance,
Quand la nuit étend son long voile noir,
Je cherche, rêveur, l'ombre et le silence,
Et je sens mon cœur renaître à l'espoir.
Puis je dis tout bas à la brise folle,
Dont le chant si doux parfois me console :
Brise, parle-moi, parle-moi toujours,   } bis.
De l'humble village où sont mes amours.

Parle-moi des bois où, dans ma jeunesse,
J'aimais à cueillir la première fleur ;
Où, plus tard, j'osai parler de tendresse
A celle qu'enfant, j'appelais ma sœur.
Du val où j'obtins l'aveu de Marie,
Cet aveu si doux qui berce ma vie.
Brise, parle-moi, parle-moi toujours,
De l'humble village où sont mes amours.

De mes vieux amis, si chers à mon âme,
Et dont j'ai gardé tant de souvenirs,
Brise, parle-moi, lorsque sur la lame
S'envolent vers eux mes vœux, mes soupirs,
Du chaume où, le soir, ma mère, si bonne,
Implore pour moi la sainte madone.
Brise, parle encor, parle toujours,
De l'humble village où sont mes amours.

C'EST AU PIED DU MUR

qu'on voit le Maçon.

Paroles d'ÉDOUARD FRANCHOT.

AIR : *Il n'y a pas d'sots métiers.*

Il est un dicton, vieux et populaire,
Qui, pour moi, renferme une vérité;
Car en quelques mots, exempts de colère,
Il fait la leçon à la vanité.
Au sot orgueilleux, que le talent blesse,
Qui partout se vante, il dit sans façon :
Vous êtes savant ! mais je le confesse;
C'est au pied du mur (*bis*) qu'on voit le maçon

On trouve à la ville, et même au village,
Plus d'un fanfaron qui, loin du danger,
Se pose en héros, et dont le courage
A nulle action ne fut étranger.
Qu'il naisse un péril et notre bravache
Change à l'instant même et d'air et de ton.
Le brave d'alors redevient un lâche.
C'est au pied, etc.

Annette, le jour de son mariage,
Faisait le serment à son jeune époux,
De rester toujours tendre, douce et sage,
Et d'avoir pour lui les soins les plus doux.
Je te crois, dit-il, mais sais-tu, ma belle,
Ce qu'on peut répondre, et non sans raison,
A femme jurant de rester fidèle,
C'est au pied, etc.

Etes-vous heureux? Alors, je le gage,
Vous aurez bientôt de nombreux amis.
L'un vous offrira sa bourse en partage,
Un autre ses soins, tous, leurs bons avis.
Vienne le malheur, sans chercher les causes,
Ils vous fuiront tous, sans plus de raison.
Car en amitié, comme en bien des choses,
C'est au pied, etc.

De nos paysans j'ai parfois vu rire
Et blâmer les goûts, la simplicité ;
Mais plus d'un rieur, soit dit sans médire,
Bien souvent n'a pas leur habileté.
Sous leur rude écorce ils pourraient, je pense,
A bien des railleurs faire la leçon.
Plus d'un paysan illustra la France.
C'est au pied, etc.

PARIS NOUVEAU.

Paroles d'un Étudiant.
Air : *du Sou* ou *de la Petite Margot*.

Toi, qu'on admire,
Pour qui soupire
Et la province, et l'univers entier,
O ma Lutèce,
Veux-tu sans cesse
Vivre et pourrir dans ton affreux bourbier !
Non, non, sur toi veille un puissant génie,
Il veut, il parle; et ses habiles mains
Sauront bientôt, sur ta robe agrandie,
A larges traits, fixer de beaux dessins.
Vieille masure,
Demeure impure,
Tombe et fais place à de brillants palais.
Que l'harmonie,
L'air et la vie
Entrent partout et règnent désormais.
Arbres vieillis en des places obscures,
Élancez-vous; venez avec fierté,
Prêter votre ombre et vos vertes parures
Aux monuments de la jeune cité.
Plantes nouvelles,
Fleurs les plus belles,
Embellissez nos squarres élégants.
De vos corolles,
En girandoles,
Versez dans l'air vos parfums odorants.
Fiers boulevards, sur vos lignes superbes,
Offrez, le soir, à l'œil émerveillé,
Du gaz en feu les mille et mille gerbes,
Des magasins le luxe et la beauté.
Halles, où trône
Mainte matrone
Aux larges flancs, à la langue d'enfer,
Contre la pluie,
Le vent, la suie,
Abritez-la sous vos dômes de fer.

Là, du gibier les formes élégantes
Séduisent mieux le goût de l'amateur,
Et du poisson les écailles brillantes
Par leur éclat invitent l'acheteur.
Fruits et légume
Que la coutume
Laissait jadis traîner dans les ruisseaux,
Sur l'étalage
Qu'on vous ménage,
Non, chez Chevet vous n'êtes pas plus beaux.
Triste canal, des travaux gigantesques
vont de tes eaux cacher les sombres plis,
Et sur ton dos, des jardins pittoresques,
Étaleront leur ravissant tapis.
Cirque Olympique,
Tendre Lyrique,
Et vous aussi, larmoyante Gaîté,
Eugène passe ;
Faites-lui place ;
Portez ailleurs votre célébrité.
Voyons encor, franchissant la barrière,
Son vaste mur, en un clin d'œil crouler,
Et désormais, sans craindre la poussière,
Chars et coursiers vers Boulogne filer.
De ta parure,
Belle Nature,
L'art vient ici rehausser la splendeur ;
Bois, promenades,
Lacs et cascades,
De vous chacun jouit avec bonheur.
Ah ! puissions-nous longtemps, ville chérie,
Voir le progrès pénétrer dans ton sein,
Et du marteau l'œuvre sûre et hardie
Envahir tout, jusqu'au Pays Latin !
Toi, qu'on admire,
Pour qui soupire
Et la province et l'univers entier,
O ma Lutèce,
Avec noblesse,
Sors pour toujours de ton affreux bourbier.

Le Dimanche de l'Auvergnat.

CHANSONNETTE.

Paroles d'ALEXIS DALÈS.

Air : *Ah! riguinguette!* (Air ancien.)

Viens, ma petite Chujette,
Pour dancher à la mujette,
Laiche donc là ton fagot,
    Ah! riguinguette!
Dimanche est jour de campo,
    Ah! riguingo!

Mets ta plus belle toilette,
Ton jupon bleu, ta cornette,
Ton châle coquelicot,
    Ah! riguinguette!
Moi ma chemije à jabot,
    Ah! riguingo!

En route! et noche complète!
Mous jallons jà la guinguette
Nous régaler à gogo,
    Ah! riguinguette!
De chalade et de gigot,
    Ah! riguingo!

Pour le déchert, ma poulette,
Nous prendrons de la galette,
Avec un petit brûlot,
    Ah! riguinguette!
Cha fera pas du bobo,
    Ah! riguingo!

Puis, au chon de la mujette,
Nous dancherons, ma brunette,

La bourrée et le galop,
Ah ! riguinguette !
Chur l'air : *Mon père était pot,*
Ah ! riguingo !

Bref, pour toi, ma mignonnette,
Je veux vider ma pochette,
Et dépencher mon magot,
Ah ! riguinguette !
Jusqu'au dernier monaco,
Ah ! riguingo !

Puis, dans nochtre maijonnette,
Che choir, l'âme chatisfaite,
Nous reviendrons jauchitôt,
Ah ! riguinguette !
Pour chanter dans le dodo,
Ah ! riguingo !

FIN.

Se trouve chez ROGER, éditeur, rue Fontaine-au-
Roi, 25 et 27. — Dépôt chez SEVIN, rue du Plâtre-
Saint-Jacques, 24

L'on ne reçoit que les lettres affranchies, et l'on
n'expédie que contre un bon sur la poste.

Paris. — Typ. Morris et Comp., rue Amelot, 64.

PANTHÉON CHANTANT

ALBUM LYRIQUE

des Villes et des Campagnes.

ÉDOUARD FRANCHOT,

Né à Dijon le 11 octobre 1827.

NOTICE BIOGRAPHIQUE.

Les éditeurs en général, et en particulier les éditeurs de chansons (gens, du reste, parfaitement honorables), ont parfois des idées singulières. La dernière fois que je vis le mien, il me pria de faire pour lui une biographie d'Édouard Franchot. « Édouard Franchot, lui dis-je, est un très-bon garçon, estimé de tous ses camarades, et, de plus, un habile ouvrier cordonnier, qui travaille en chantant du matin au soir, et la gaieté ne fait aucun mal à son alène ; ce qu'il gagne est pour sa famille. Belle conduite assurément ; mais qu'est-ce que ça fait au public ? Cela ne le regarde en rien. » Et pourtant, pour plaire à mon éditeur, je suis obligé de lui apprendre qu'Édouard Franchot est né à Dijon, pays de Piron et de la bonne moutarde, le 11 octobre 1827. Bien jeune encore, il vint à Paris pour exercer la profession de cordonnier. Là, il fit comme tant d'autres ; il travailla, il rima plus ou moins richement ; il écouta, de loin, l'écho des applaudissements qui accueillaient les productions coquettes et progressives de nos amis et de ses collègues en l'art de saint Crépin, Savinien Lapointe, Gonzalle et Joseph Landragin.

C'est après avoir écouté et applaudi les auteurs que je viens de citer, que Franchot se décida à écrire ses refrains, pour les jeter aux échos oublieux et négligents, en les faisant paraître dans ces recueils où vous avez déjà vu des refrains populaires d'Alexis Dalès, Victor Rabineau et Gustave Leroy. Bien qu'Édouard Franchot ne soit connu que depuis peu de temps, on cite de lui *les Ages de la Chanson*, délicieuse inspiration ; *le Ménétrier*, ronde pleine d'entrain, qu'on a longtemps chantée et qu'on chantera longtemps encore ; *la Part à Dieu*, romance véritablement charmante. *La Fleur du Souvenir* est une poésie que plus d'un auteur estimé du public voudrait avoir écrite. Je pourrais en citer d'autres, mais Franchot est un de mes camarades, et je ne veux pas avoir l'air de faire de la camaraderie qui, aux yeux de quelques-uns, pourrait paraître exagérée.

J. E. VUBRY.

A BÉRANGER
ÉLEVONS UN TOMBEAU.

Paroles d'ÉDOUARD FRANCHOT.

Air : *Béranger à l'Académie,*
ou *la Maison de Béranger.* (Alexis Dalès.)

Près de la tombe où dort ce grand génie
Dont le nom seul fait tressaillir nos cœurs,
J'allais prier, quand une voix amie
Pour un instant vint arrêter mes pleurs.
Elle disait : « Vous, qui du grand poète
Avez chanté chaque refrain nouveau,
Pour honorer sa dépouille muette,
A Béranger élevez un tombeau.

Dans ses chansons, doux reflet de son âme,
Suaves fleurs qu'on aime à respirer,
De son talent on voit briller la flamme,
Qu'il fasse rire ou qu'il fasse pleurer ;
Aussi du peuple il fut toujours l'idole
(Ce qui n'est pas son titre le moins beau),
Car il savait comment on le console.
A Béranger élevez un tombeau.

Dans un grenier, auprès de sa Lisette,
S'il a chanté l'amour et le printemps,
Plus d'une fois l'écho de sa chambrette
A répété de plus mâles accents,
Et quand, plus tard, éclata la tempête
Qui du génie obscurcit le flambeau,
Il ne voulut jamais courber la tête.
A Béranger élevez un tombeau.

Quand l'étranger osait à la patrie
Dicter des lois, les lois de l'oppresseur,

Faisant appel à sa muse chérie,
Il flétrissait le farouche vainqueur.
Il nous parlait de gloire et d'espérance,
Il défendait notre noble drapeau.
Vous dont le cœur bat au nom de la France,
A Béranger élevez un tombeau.

De Manuel la demeure dernière
A trop longtemps renfermé Béranger.
Nous lui devons un marbre funéraire,
Et nou l'abri d'un sépulcre étranger.
Apportons tous notre modeste offrande,
Et que bientôt, à l'ombre d'un berceau,
On lise enfin : « La France, noble et grande,
A Béranger éleva ce tombeau. »

VOILA POURQUOI JE SUIS GARÇON

CHANSONNETTE.

Paroles d'ALEXIS DALÈS et ROUTIER.

Air : *Brigadier, vous avez raison.*
Ou : *Dodore et Merlandier.*
Ou : *Laissez les roses au rosier.*

Je conviens que le mariage
Est tout à fait bien inventé ;
Mais, sitôt que l'hymen l'engage,
Un homme perd sa liberté.
Mes chers amis, j'ai tort, peut-être,
Mais sachez que, dans ma maison,
Moi j'aime assez être le maître, } (*bis.*)
Voilà pourquoi je suis garçon.

Heureux maris, près de vos dames
Vous passez de bien doux instants,
Unissant vos cœurs et vos âmes,
L'amour charme tout votre temps.

Mais, pour prix de votre délice,
S'il vous survient un rejeton,
Vous payez les mois de nourrice :
Voilà pourquoi je suis garçon.

Pour une vertu sans pareille
Rose passait dans son quartier ;
Cette blonde et jeune merveille
Vient enfin de se marier.
La chronique dit que la belle
Eût pu mettre devant son nom
Madame et non Mademoiselle :
Voilà pourquoi je suis garçon.

Quand la chaîne était trop pesante
Pour que l'on puisse la porter,
Une loi sage et très-prudente
Vous permettait de la quitter.
Mais, aujourd'hui, la loi nous force
A conserver notre union ;
On ne permet plus le divorce :
Voilà pourquoi je suis garçon.

AUX DAMES.

Sexe charmant que l'on adore,
Vous dont on aime les beaux yeux,
N'allez pas croire que j'abhorre
Un lien qui peut nous rendre heureux ;
Faut-il le dire avec franchise ?
Moi j'aime, inconstant, papillon,
Aujourd'hui Jeanne et demain Lise :
Voilà pourquoi je suis garçon.

LA PHOTOGRAPHIE

Couplets dédiés à Madame et Monsieur **PERROTIN**

Paroles d'Alexis DALÈS.

AIR : *Dans un grenier qu'on est bien à vingt ans!*
ou : *Ah! pardonnez, j'étais fou.*

Oh! le bel art que la photographie!...
Grâce au soleil, qui se fait imprimeur,
En un instant on obtient la copie
D'un lac, d'un bois, d'un ami, d'une fleur;
Cet art magique, et votre complaisance,
De vos *portraits* ont orné mon séjour!
Avec bonheur, et malgré la distance,
Chaque matin je vous dirai bonjour! (*bis.*)

Quand sur vos traits se repose ma vue,
Avec bonheur je me prends à songer.
J'ai sous les yeux, me dis-je l'âme émue,
Les *chers amis* qu'aima tant Béranger...
Malgré les cris de la bigoterie,
Son âme habite au céleste séjour.
Vous qui de fleurs avez orné sa vie,
Chaque matin je vous dirai bonjour.

A mon printemps, artisan et poète,
Pour endosser l'habit de l'ouvrier,
Je m'éveillais bien avant l'alouette,
Et, lestement, je gagnais l'atelier.
De la gaîté j'étais alors l'apôtre,
Mais ma santé s'est enfuie sans retour,
En priant Dieu de veiller sur la vôtre,
Tous les matins je vous dirai bonjour.

J'ai vu mourir mon brave et digne père,
J'ai vu mourir et mon frère et ma sœur,
J'ai vu mourir ma bonne et tendre mère.
O! que de fois la mort brisa mon cœur!
Mais nul ne peut éviter sa faucille.
En attendant que Dieu marque mon tour,
Pour oublier que je suis sans famille,
Tous les matins je vous dirai bonjour.

LES TROIS CHALES

AIR du *Vieux Lapin* (E. Imbert),
Ou des *Trois lurons* (Colmance).

Quand il nous mettait en ménage,
Mon papa, qui n'était pas sot,
Nous disait : « Ma fille, ménage
Avec soin ton joli trousseau. »
Nous étions toutes trois pareilles;
Pour Ternaux dédaignant l'elbeuf,
Il déposait dans nos corbeilles }
Un très-beau châle-tapis neuf. } (bis).

Ma sœur aînée étant enceinte,
Pour se réconforter le cœur,
Se mit à cultiver l'absinthe,
Cette romantique liqueur.
Un jour, dans une noire ivresse,
Elle laissa son mari veuf;
Et celui-ci, plein de tendresse,
Vendit le riche tapis-neuf.

A la bohème habituée,
La plus jeune aimait trop le bal;
Ce n'est pas ce qui l'a tuée,
Car elle vécut au Wauxhall.
Là, de contredanses avide,
Souvent elle alla jusqu'à neuf;
Mais sans travail la poche est vide,
On mit au clou le tapis neuf.

Pour finir cette comédie,
Apprenez, ou n'apprenez pas,
Qu'une terrible maladie
Me mit à deux doigts du trépas.
Pour les payer quand je calcule,
Deux juifs dignes de tondre un œuf,
Le médecin prit ma pendule,
Et la garde mon tapis-neuf.

E. BERTIN.

MON
DOMICILE

CHANSONNETTE.

Paroles d'ALEXIS DALÈS.

AIR : *Voilà l' zou zou* (ronde des Zouaves).

Très-estimé dans mon quartier,
Où chacun me flatte à la ronde,
Je suis garçon, je suis rentier,
Et très-satisfait d'être au monde.
Bref, je suis content de mon lot,
Car je possède par la ville
    Un beau domi (3 *fois.*) } (*bis.*)
    Un domicile.

L'amour, dont on dit tant de mal,
Chaque jour embellit ma vie.
Qu'est-il de plus doux, au total,
Que les petits soins d'une amie?
Sortant du Prado Pilodo,
J'emmène Frisette ou Lucile
    Dans mon, etc.

Frisette et moi nous nous aimons
Comme pigeon et tourterelle;
Rarement nous nous disputons;
Mais, s'il survient une querelle,
On fait la paix tout aussitôt.
Se raccommoder est facile.
    Dans mon, etc.

De mon destin suivant le cours,
A la gaîté, moi, je me livre.
Avec le vin et les amours
Doucement je me laisse vivre.
Fasse le ciel que, sans bobo,
Je puisse mourir bien tranquille
    Dans mon domi (3 *fois*),
    Mon domicile.

LÉA

Paroles de **J. E. AUBRY**.

AIR chanté par Mme Ugalde dans *Gil Blas*.

    Léa, vois dans la campagne,
      Pour fêter le printemps,
        Les amants,
      Tra la la la la la, etc.
    Viens avec eux, ma compagne,
      Comme eux nous danserons,
        Chanterons,
      La la la la la la, etc.

Viens avec moi, ma charmante,
Dans nos champs si riches en fleurs;
Mon amie ou mon amante,
Choisis entre ces deux couleurs.
Pour toi je veux être un frère,
A qui toujours tu souriras,
Ou, comme un amant sincère,
Auprès de toi tu me verras.

Léa, près d'une onde claire,
Arrosant le bord d'un sentier,
Fit d'une branche de lierre
Présent à son beau cavalier,
Qui, d'un tendre et doux sourire,
La remercia galamment ;
Le sourire voulait dire :
Je préfère être ton amant.

Loin de la foule, et pour cause,
Léa craint tant les curieux,
Cueille la plus belle rose,
Puis s'en pare en baissant les yeux.
« Ce choix, dit l'amant, ma belle,
Me fait te jurer, sans détour,
D'être à l'amitié fidèle
Autant que fidèle à l'amour.

NCORE UN CARREAU D' CASSÉ!

MARCHE MILITAIRE.

AIR : *As-tu vu la casquette.*

Vitrier,
Je porte mon fardeau fragile,
Par la ville
On m'entend sans cesse crier ;
Le Destin
Veut qu'en évitant la cohue
Par la rue,
Moi je chante, soir et matin :
Encore un carreau d' cassé,
V'là l' vitrier qui passe ;
Encore un carreau d' cassé,
V'là l' vitrier passé.

Un banquier,
Deux banquiers, trois banquiers-banquistes,
Vrais touristes,
S'ennuyaient au fond d'un quartier.
L'un des trois
Proposa d'aller voir la lune.
Ma fortune,
Ainsi qu'eux, la verra, je crois.
Encore, etc.

Deux cerveaux
Échauffés par un vin potable,
Ont, à table,
Traité la question des vitraux ;
Mais l' Passoir,
Qui jamais du sujet n' s'écarte,
Sur la carte
Ajoute, au quart d'heur' du comptoir :
Encore, etc.

Mardi gras,
J' descendais gaiment d' la Courtille,
Un' bell' fille
Était là, pimpante, à mon bras ;

Mort de froid,
Je m' pressai galamment contre elle ;
V'là la belle
Qui s'esquive en m' pochant l'œil droit !
Encore, etc.

Pèr' Savard,
En nous apportant un' bouteille
D' jus d'oseille,
Fais nous l'œil d'une om'lettte au lard....
— Pas d'orgueil,
Mon garçon, excus' ma franchise,
V'là ma d'vise :
Aux artistes quand on fait l'œil,
Encore, etc.

Au Prado
L'ami Paul voit sa tendre Hortense
Qui s' balance
Au bras d'un cali-calicot.
Puis, soudain,
Notre ami qui fait du grabuge,
Dans l' déluge,
Applatit l' lorgnon d'un gandin !
Encore, etc.

Qui vient là ?
— C'est la nouvelle mariée,
Fiancée
A mon épicier l'Auvergnat...
Un farceur
Qui s'est approché du carrosse,
Vers la noce,
Se penche et dit, la bouche en cœur :
Encore, etc.

Pour copie conforme, ESTÈVE.

SANS GÊNE & SANS FAÇON

AIR : *Voilà la manière de vivre cent ans*,
Ou de *la Fauvette de Paris* (de Noël Mouret).

Sur notre machine
Tout marche au progrès;
Joyeux je m'incline
Devant'ce succès,
Dans ce siècle, hélas!
Nommé le siècle de lumière,
Je vais faire un pas;
Peut-être est-ce un pas en arrière.
Sans me mettre en peine
Je dis ma chanson;
Comm' papa Sans-gêne,
Je suis sans façon.

Voilà mon système :
Près d'un frais minois
Je lui dis : je t'aime,
D'une douce voix.
Mais, dans mes amours,
Si je rencontre une coquette
Voulant des discours,
Je lui réponds : Pas d' ça, Lisette.
Ma belle sirène,
Retiens ma leçon,
Comm' papa Sans-gêne,
Je suis sans façon.

Si quelqu'un m'invite
Pour faire un repas,
J'accepte de suite;
Mais il ne faut pas
Que dans ce festin
Il faille observer l'étiquette,

Le fait est certain.
Alors préférant la guinguette,
        Du petit surène
        J'en fais ma boisson;
        Comme papa Sans-gêne,
        Je suis sans façon.

        Lorsqu'un pauvre passe,
        S'il me tend la main,
        Et d'une voix basse
        Me dise : J'ai faim,
        Mon cœur généreux
Avec confiance lui donne.
        Pour le malheureux
Qui, tremblant, implore une aumône,
        Moi, j'ai l'âme humaine.
        Sans méchant soupçon;
        Comm' papa Sans-gêne,
        Je suis sans façon.

        Lorsque la richesse
        Viendra me saisir,
        Certes, Son Altesse
        Me fera plaisir.
        Mais de ma gaîté
S'il faut lui faire le partage,
        A sa majesté
Je tiendrai ce simple langage :
        Reprends, ô ma reine!
        Ton riche écusson,
        Comme papa Sans-gêne,
        Je suis sans façon.

Pierre CHAMARTIN.

LES
DERNIERS ADIEUX

Paroles d'Édouard FRANCHOT.

Air : *Viens, belle nuit,*
ou des *Souvenirs d'amour.*

Je vais mourir, et déjà ma paupière
S'appesantit sous l'aile de la mort;
Mais je souris à mon heure dernière,
Car dans la tombe on oublie et l'on dort.
La vie, hélas! pour moi n'a plus de charmes,
En ce moment, si je me trouve heureux.
Pourquoi pleurer? Amis, séchez vos larmes, } *(bis.)*
Vous que j'aimais, recevez mes adieux.

Aux jours aimés de ma joyeuse enfance,
Quant l'avenir souriait à mon cœur,
Au fond des bois pleins d'ombre et de silence,
J'allais chercher le repos, le bonheur.
Je confiais mes jeunes rêveries
Au tendre écho du lac mystérieux.
Grands bois ombreux, beau lac, vertes prairies,
Vous que j'aimais, etc.

Chaque matin, quand un rayon d'opale
Venait blanchir la cime des coteaux,
Je saluais l'aurore matinale,
Mêlant ma voix à la voix des oiseaux.
Puis, quand la nuit sur nous jetait ses voiles,
Je m'inclinais en contemplant les cieux.
Soleil brillant, azur semé d'étoiles,
Vous que j'aimais, etc.

Du Créateur admirant les merveilles,
Pauvre rêveur, dans mon naïf orgueil,

J'osais chanter, mais le but de mes veilles
Pour horizon n'a plus qu'un froid cercueil.
La lyre, hélas! que ma main a saisie,
Ne vibre plus sous mes doigts langoureux,
Douces chansons, suave poésie,
Vous que j'aimais, etc.

Quel souvenir fait tressaillir mon âme
Lorsque pour moi s'ouvre l'éternité?
Toujours, toujours je revois cette femme
Au doux regard empreint de volupté.
Elle causa mon douloureux martyre
En repoussant et mon cœur et mes vœux;
Mais en mourant, ah! je voudrais lui dire:
Vous que j'aimais, etc.

====

Toute reproduction est interdite.

Toute contrefaçon sera poursuivie.

———

———

Chez ROGER, Éditeur, rue des Écouffes, 25.

Paris. — Typ. Moran et Comp. rue Amelot, 54.

www.ingramcontent.com/pod-product-compliance
Lightning Source LLC
LaVergne TN
LVHW050842200726
843507LV00001B/389